훈민이와 정음이의 낱말 모아 국어왕

교과연계

초등 국어 전 과정

훈민이와 정음이의
낱말 모아 국어 왕

김대조 글 · 조승연 그림

주니어김영사

제1회 낱말 왕 대회 · 6

모든 사물의 이름이 되는 낱말 · 16

명사를 대신하는 낱말 · 36

수를 나타내는 낱말 · 52

움직이고 행동하는 낱말 · 62

성질이나 상태를 나타내는 낱말 · 78

체언을 도와주는 낱말 · 94

용언을 도와주는 낱말 • 110

느낌을 살려 주는 낱말 • 128

눈에 띄지 않지만 중요한 낱말 • 144

낱말 왕들의 나들이 • 156

정답 • 164

작가의 말 • 170

제1회 낱말 왕 대회

1446년, 그러니까 지금부터 약 600년 전의 일이다. 세종 대왕이 한글을 만들어 이 세상에 내놓은 후로 참 많은 세월이 흘렀다.

"어리석은 백성들이 하고 싶은 말이 있어도 글자를 몰라 자신의 뜻을 드러내지 못하는 자가 많다. 내가 이를 가엾게 여겨 새로 스물여덟 글자를 만들었으니 모든 백성이 쉽게 익혀 편하게 쓰면 좋겠구나."

그날 이후 한글은 사람들의 삶 속에 물처럼 공기처럼 시나브로 스며들었다. 오랜 세월이 흐른 후, 마침내 세종 대왕의 말대로 모든 사람이 자신의 생각을 글로 쓸 수 있게 되었다.

하지만 잘나가던 한글에 위기가 닥쳐왔다. 때는 바야흐로 우리말 숲으로 뜻 모를 외계 낱말이 숨어 들어와 숲을 갉아먹기 시작할 무렵이었다.

그들의 공격이 나날이 거세지면서 우리말 숲은 차츰 시들어 갔다. 이때 나타난 한 사람이 있었으니, 그는 강마른 얼굴에 하얗게 센 머리카락, 넥타이를 매지 않은 수수한 정장 차림에다가 까만 뿔테 안경, 쭈글쭈글한 볼에 듬성듬성 난 턱수염까지 누가 보아도 괴팍한 할아버지였다.

그는 오늘 아침에도 어김없이 광화문 광장에 나타났다. 세종 대왕은 언제나 그러하듯이 바쁘게 오가는 가엾은 백성들을 물끄러미 바라보고 있었다. 낯선 남자는 세종 대왕 앞에 서서 그를 우러러 보았다.

'할아버지, 오늘도 할아버지의 뜻을 받들어 우리 아이들이 생각을 올바르게 표현할 수 있도록 이끌겠습니다. 부디 저에게 힘을 주시옵소서.'

세종 대왕은 용상에 앉은 채로 한쪽 손을 펴 들고 그에게 힘을 불어넣었다.

'다 잘될 것이니 너무 걱정하지 마라.'

'요즘 할아버지께서 안색이 안 좋으신 것 같아 제 마음이 무겁습니다.'

'어서 가거라. 우리말 숲의 새싹들을 안전하게 지켜다오.'

그는 세종 대왕과 눈을 맞추며 마음속으로 대화를 나누었다. 그러고는 전쟁터로 나가는 장군처럼 주먹을 불끈 쥐고 학교로 향했다.

꽃누리초등학교. 그는 이곳에서 아주 유명하다. 하루에도 몇 번씩 학교 안을 돌아다니니 그를 모르는 아이들이 없다.

"한글은 우리 얼이다. 우리 얼을 살리는 길은 한글을 제대로 알고 바르게 사용하는 것뿐이야."

어떤 아이들은 이런 소리를 들으면 잔소리라고 싫어했지만, 이건 진

심어린 충고였다.

"방금 뭐랬음? 얼음을 넣었다고 했나?"

"오나전 캐안습. 얼이 빠졌다고 한 거 아냐?"

"얼이 뭥미? 먹는 거임?"

아이들이 이렇게 재잘거리면 어김없이 그가 소리쳤다.

"그런 말은 한글을 멍들게 해. 내가 누구냐? 바로 세종 대왕의 20대 손 아니냐? 자, 따라 해 봐! 말을 많이 알면 생각이 깊어진다."

아이들은 마지못해 그를 따라 했다.

"말은 그 사람의 생각이다."

아이들이 또박또박 자신의 말을 따라하자 그는 뿌듯한 표정으로 아이들을 바라보았다.

"이제 알겠니? 그리고 낱말 공부를 많이 하렴. 그러면 네가 표현하고 싶은 생각을 더 정확하게 나타낼 수 있어."

"네, 알겠습니다. 교장 선생님."

매일 빗자루로 쓰레기를 쓸어 담 듯 한글을 위협하는 말을 쓰지 못하게 하는 그는 바로 꽃누리초등학교의 이세종 교장 선생님이었다. 이세종 교장 선생님은 진짜 세종 대왕의 20대손이었는데 그는 늘 이 사실을 아이들에게 자랑삼아 말하곤 했다.

똑똑똑. 잠시 후 누군가 교장실 문을 두드렸다.

"들어오세요."

교장실 문이 열리고 두 아이가 수줍어하며 들어왔다.

"무슨 일로 왔니?"

"저희가 억울한 일을 당해서 교장 선생님께 말씀드리려고 왔어요."

"그래? 그럼 너희가 누군지, 어떤 억울한 일인지 들어보자꾸나."

아이들이 각자 시험지를 꺼내서 교장 선생님에게 주었다.

"저는 이훈민이라고 하고, 얘는 최정음이에요."

"교장 선생님, 이것 보세요! 저희는 이 문제를 맞혔다고 생각하는데, 우리 반 선생님은 자꾸만 틀렸대요."

"아이고, 할아버지! 너희가 정말 한국 사람 맞니?"

교장 선생님이 이마를 탁 치며 말했다.

"거 봐! 교장 선생님도 역시 우리 편이 아니야."

"우리말 쓰는 데 누구 편이 어디 있어, 이 녀석들아!"

교장 선생님은 훈민이와 정음이에게 호통을 쳤다.

"훈민아, 이것 봐라. 넌 낱말을 외계인처럼 썼잖아. 너희들끼리 장난으로 하는 말을 시험지에까지 쓰면 어떡해?"

"그래도 기억에 남는 경험을 글로 쓴 게 맞잖아요."

"말과 글은 다른 사람과의 약속이야. 그 약속을 어긴 글은 옳은 글이 아니지. 이걸 맞다고 해 줄 수는 없어."

이번에는 정음이가 억울한 투로 말했다.

"저는요? 이건 정말 맞잖아요?"

"정음이 넌 낱말 공부를 많이 해야겠구나. 나무로 만든 네모난 상자를 '궤짝'이라고 하지. 낱말을 많이 모르면 생각을 정확하게 쓰기 어려워."

"이거나 그거나 같은 뜻이잖아요?"

"정확한 낱말을 적어야지. 글자 쓸 때 필요한 도구인데 나무로 길쭉하게 만들어서 그 안에 검은색 심이 들어 있는 막대기처럼 생긴 것을 들어 보렴."

"네? 무슨 말씀이세요? …… 혹시 연필 말씀하셨어요? 교장 선생님! 말장난 그만하세요. 그냥 연필을 들라고 하시지."

"그것 봐! 이상하지? 정확한 낱말을 쓰지 않으면 서로 불편한 거야. 낱말을 정확하게 많이 알아야 생각을 제대로 표현할 수 있다고 내가 몇 번이나 말하지 않았니? 너희들 자꾸만 이러면 우리 할아버지께서 슬퍼하셔."

"교장 선생님 할아버지요?"

"그래. 한글을 만드신 세종 대왕 말이다."

훈민이와 정음이는 어쩔 수 없이 자신들이 틀린 것을 인정하고 돌아가야만 했다.

그날 이후, 교장 선생님은 고민에 빠졌다.

'아이들이 이렇게 바른 낱말을 잘 몰라서 어쩌지? 이래서 어떻게 생각한 것을 글로 제대로 쓸 수가 있단 말인가?'

교장 선생님은 더 이상 학교를 돌아다니지 않았다. 몇 날 며칠을 교장실에서 꼼짝 않고 앉아 컴퓨터 화면을 바라보며 무언가를 열심히 연구했다.

아이들은 며칠째 교장 선생님이 보이지 않자 점점 걱정이 되었다.

"어디 편찮으신 거 아닐까?"

"우리가 낱말을 너무 몰라서 충격 받으신 거 아니야?"

아이들이 온갖 추측을 하는 그 시간에도 교장 선생님은 컴퓨터 화면을 뚫어지게 바라보며 궁리를 계속했다.

'좋은 방법이 없을까?'

한 달 내내 연구를 거듭한 끝에 교장 선생님은 마침내 교장실 문을 박차고 나왔다.

"드디어 완성했어! 이거면 아이들이 너나없이 몰려들 거야."

교장 선생님은 기운 넘치는 발걸음으로 학교 현관 게시판으로 갔다. 그러고는 여봐란 듯이 커다란 포스터 한 장을 붙였다. 아이들이 순식간에 포스터 앞으로 몰려들었다.

제1회 낱말 왕 대회

맛있는 요리를 만들기 위해선?
음식 재료가 좋아야죠!
그렇다면 글을 잘 쓰기 위해선?
글의 재료, 즉 낱말을 많이 알아야죠!

1. 낱말을 많이 안다!
2. 깊이 생각할 수 있다! } = 이 셋은 결국 같은 말!
3. 생각을 글로 잘 쓸 수 있다!

낱말 왕이 되고 싶은 사람은 도전하세요!
비밀 낱말 서랍에 나만의 낱말을 차곡차곡 모아 보세요!

★ 참가 방법: 학교 누리집의 '비밀 낱말 모으기' 프로그램을 실행하시오!
아홉 가지 품사의 낱말을 가장 많이 모으는 사람은 낱말 왕이 될 수 있어요.
어떻게 하는지 잘 모르겠다고요? 지금 바로 들어가 보세요.
도전하는 자만이 왕이 될 수 있답니다!

"아홉 가지 품사의 낱말?"

"컴퓨터 게임 같은 건가 봐. 이거 재미있겠는데!"

아이들은 당장 '비밀 낱말 모으기' 프로그램을 실행해 보고 싶어서 안달이 났다.

교장 선생님의 작전은 일단 대성공이었다.

꽃누리초등학교 아이들은 그날부터 이 프로그램에 흠뻑 빠지게 되었다.

과연 아홉 가지 과제를 모두 성공해서 낱말 왕이 될 사람은 누구일까?

모든 사물의 이름이 되는 낱말

훈민이는 집으로 가자마자 컴퓨터를 켰다. 그리고 학교 누리집에 접속했다. 누리집 첫 화면에는 커다랗게 '비밀 낱말 모으기'라는 글자가 깜빡이고 있었다. 훈민이는 마우스로 그 글자를 클릭했다. 그러자 재미있게 생긴 화면이 나왔다. 화면의 아래에는 서랍처럼 생긴 아홉 개의 칸이 구분되어 있었고 각 칸에는 품사 이름이 쓰여 있었다.

훈민이는 곧장 '시작' 버튼을 눌렀다. 그러자 화면이 바뀌면서 첫 번째 서랍이 점점 커지더니 스르륵 열렸다.

www.fiowernurigip.es.kr

<비밀 낱말 모으기>에 온 것을 환영합니다!
지금부터 여러분은 아홉 가지 과제를 수행해야 합니다.
이곳에는 아홉 개의 낱말 서랍이 있습니다.
옷이나 양말을 종류별로 정리해 두면 사용하기 편리하죠?
마찬가지로 같은 품사의 낱말끼리 분류해서 모아 두면
자기도 모르는 사이에 낱말 왕이 되어 있을 거예요.
각 서랍 속에 들어갈 낱말을 찾아 차곡차곡 정리해 보세요.
서랍 속의 비밀 낱말을 채워 보고 싶은 사람은
<시작> 버튼을 눌러 주세요.

시작

<첫째 서랍, 명사>	<둘째 서랍, 대명사>	<셋째 서랍, 수사>
<넷째 서랍, 동사>	<다섯째 서랍, 형용사>	<여섯째 서랍, 관형사>
<일곱째 서랍, 부사>	<여덟째 서랍, 감탄사>	<아홉째 서랍, 조사>

어음. 누가 날 찾았나? 나는 조선조 제4대 임금 세종 대왕이니라. 오늘 너희들이 첫 번째로 배울 품사는 명사이니라. 명사가 무언지 모르겠다고? 이런 어리석은 백성 같으니라고! 이제부터 내 말을 명심하여 듣도록 하여라.

이 세상 모든 것에는 이름이 있는 법! 그 모든 것들의 이름이 곧 '명사'이니라. 명사는 이름이라는 뜻의 '명(名)'과 말이라는 뜻의 '사(詞)'가 합쳐진 말이지.

자, 아래를 보아라.

이런 것을 '사람'이라 쓰기로 약속했고, 이런 것을 '꽃'이라 쓰기로 약속한 것처럼 모든 사물은 그것을 부르는 약속된 이름이 있다. 사물을 부르는 모든 이름들을 명사라고 하지. 물론 나를 가리키는 '세종 대왕'이나 용맹한 장군이었던 '이순신', 너희들이 다니는 '꽃누리 초등학교'처럼 특정 사람이나 대상의 이름도 명사에 포함되느니라.

그런데 꼭 눈에 보이는 사물의 이름만을 명사라고 하지는 않는단다. 조금 더 살펴보자꾸나.

?	?	?	?	?
기쁨	희망	약속	분위기	하루

이런 낱말들이 가리키는 것은 무엇이냐? 사람이나 나무처럼 생김새가 있느냐? 물론 없다. 기쁨이나 슬픔 같은 낱말은 정확한 모양은 없지만 사람들의 머릿속에서 생각이나 느낌으로 알 수 있는 대상들이지. 이런 것들을 가리키는 낱말도 역시 명사에 포함되느니라.

전화기, 빵, 행복, 이순신, 밥……. 볼 수 있는 것들이나 볼 수 없는 것들이나 모두 명사이니까 이 세상에 명사는 수도 없이 많겠지?

모든 사물의 이름인 명사에 대하여 조금 더 자세히 알아보자꾸나. 교장 선생님과 함께 다음 문제를 해결해 보아라. 세종이 나오너라!

아하! 명사가 무엇인지 알았으니 이제부터 서랍에 낱말을 하나씩 담아 볼까? 처음엔 쉬워도 갈수록 어려워지니까 정신 바짝 차리고 따라오렴.

1. 그림을 보고 어떤 명사가 있는지 생각해 보세요.

김득신의 〈파적도〉, 간송미술관 소장

김득신은 조선 후기의 풍속화가야. 어느 봄날에 병아리를 물고 도망치는 고양이와 그것을 발견하고 쫓는 주인 부부를 묘사한 그림이지.

2. 떠오르는 명사를 모두 적어 보세요. (정답 164쪽)

3. 그림 속 인물 중 한 명이 되었다고 상상하고, 그림에서 찾은 명사를 활용해서 일어난 일에 대한 상상일기를 써 보세요.

이번에는 명사를 다양하게 만들어 보자.
명사는 꾸며 주는 말과 함께 쓰면
그 뜻을 더욱 분명하고
느낌을 살려 표현할 수 있단다.

1. 꾸며 주는 말을 앞에 넣으면, 같은 명사라도 어떻게 다양하게 표현되는지 살펴보세요.

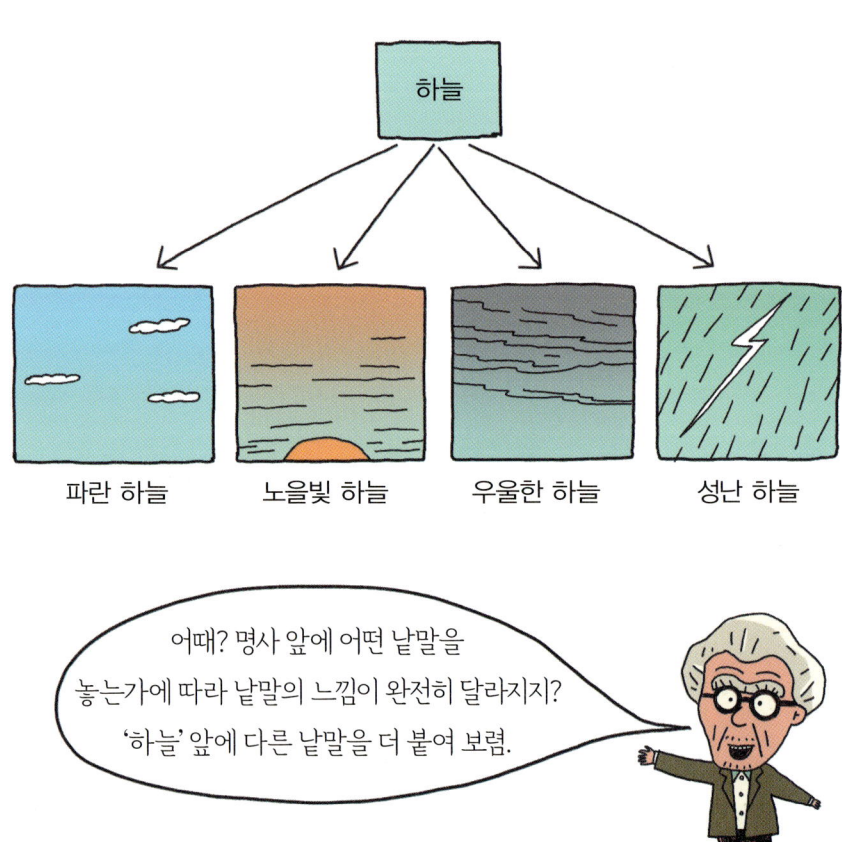

어때? 명사 앞에 어떤 낱말을
놓는가에 따라 낱말의 느낌이 완전히 달라지지?
'하늘' 앞에 다른 낱말을 더 붙여 보렴.

2. 그림을 보고 꾸며 주는 말을 넣어 '얼굴'을 더 구체적으로 표현해 보세요. (정답 164쪽)

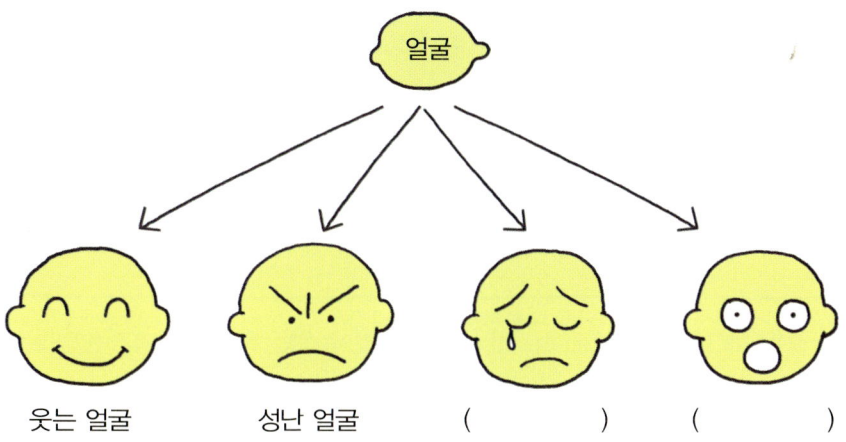

3. 명사 하나를 골라 쓴 후 꾸며 주는 말을 넣어 구체적으로 표현해 보세요.

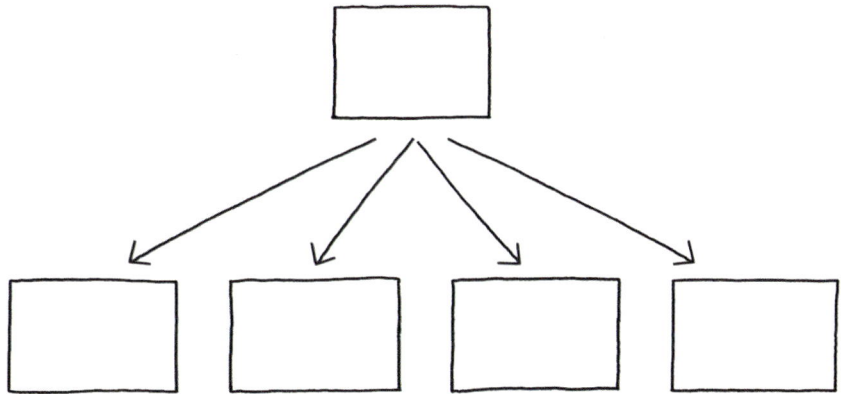

이번 단계에서는 실제 작품 속에 쓰인 표현을 배울 거야. 잘 쓴 낱말 표현을 찾아보고, 내 것으로 만들면 훌륭한 작가가 되어 글을 잘 쓸 수 있어.

1. 다음 글에서 표시된 낱말이 어떤 뜻으로 쓰였는지 생각해 보세요.

> 모든 것이 다 불확실해. 하지만 내가 의심할 수 없는 확실한 뭔가가 분명히 있을 거야. 그래, 바로 그거야! 확실하고 분명한 건, 내가 생각한다는 거야. 그러니까 내가 생각한다는 건 내가 분명히 **존재**한다는 거야.
> – 《철학자들의 말말말 Les grands philosophes parlent aux petits philosophes ⓒBayard Editions, 2010》 12쪽 중에서

> '세상에서 내가 제일 뛰어난 줄 알았더니 나는 우물 안 개구리였구나. 넓은 세상과 높은 담벼락을 알지 못했구나.'
> 전우치는 더욱 **수양**을 해야겠다고 마음먹고 스승을 찾아 나섰다.
> – 〈한국고전문학읽기〉 시리즈 《전우치전》 150쪽 중에서

> 아이들은 눈만 멀뚱히 뜨고는 두리번거렸다. 싸늘해진 교실이 이내 수런거렸다. 모두 자기가 아니라는 **시늉**과 함께 서로를 의심하는 눈이 되었다.
> – 《우리 반 스파이》 44쪽 중에서

2. 아래의 낱말이 어떤 뜻으로 쓰였는지 추측해서 써 보세요.

낱말	뜻
존재	
수양	
시늉	

3. 정확한 낱말 뜻을 국어사전에서 찾아 써 보고, 낱말을 활용하여 문장을 만들어 보세요. (정답 164쪽)

낱말	뜻
존재	뜻 : 현실에 실제로 있음, 또는 그런 대상을 말함. 예 : 이 세상에 귀신이 정말 존재할까?
수양	
시늉	

정음이는 낱말 잘 모으고 있나?

에헴. 이젠 좀 더 수준 높은 낱말을 익혀 보자!

1. 명사 끝말잇기를 해서 나온 낱말을 사용해 쓴 짧은 글을 살펴보세요.

낱말(명사)	뜻
경사	매우 즐겁고 기쁜 일
⇩	
사람멀미	사람이 많은 데서 느끼는 어지러운 증세
⇩	
미덕	도덕적이고 훌륭한 행동
⇩	
덕담	상대편이 잘되기를 바라며 하는 말이나 인사
⇩	
담소	웃으며 이야기함

　오늘은 막내 이모의 결혼식 날이다. 이런 **경사**를 축하하기 위해서 결혼식장은 사람들로 가득 찼다. 너무나 많은 사람들 사이에서 **사람멀미**를 느낄 지경이었다. 하지만 기쁜 일을 서로 축하해 주는 모습은 훌륭한 **미덕**이라고 생각한다. 서로 오랜만에 만나서 **덕담**을 전하고, 기분 좋게 **담소**를 나누는 모습이 행복해 보였다.
　오늘은 참 기분 좋은 하루였다.

2. 여러분도 해 보세요.

낱말(명사)	뜻

⇩

⇩

⇩

⇩

〈규칙1〉 시작하는 낱말을 정한 다음 명사로 끝말잇기!
〈규칙2〉 다섯 가지 명사의 뜻을 적기!
〈규칙3〉 다섯 가지 명사를 모두 사용하여 글을 쓰되, 순서는 차례대로!

3. '책'과 관련된 낱말을 찾아 낱말 뜻의 개념을 넓혀 가는 과정을 살펴보세요.

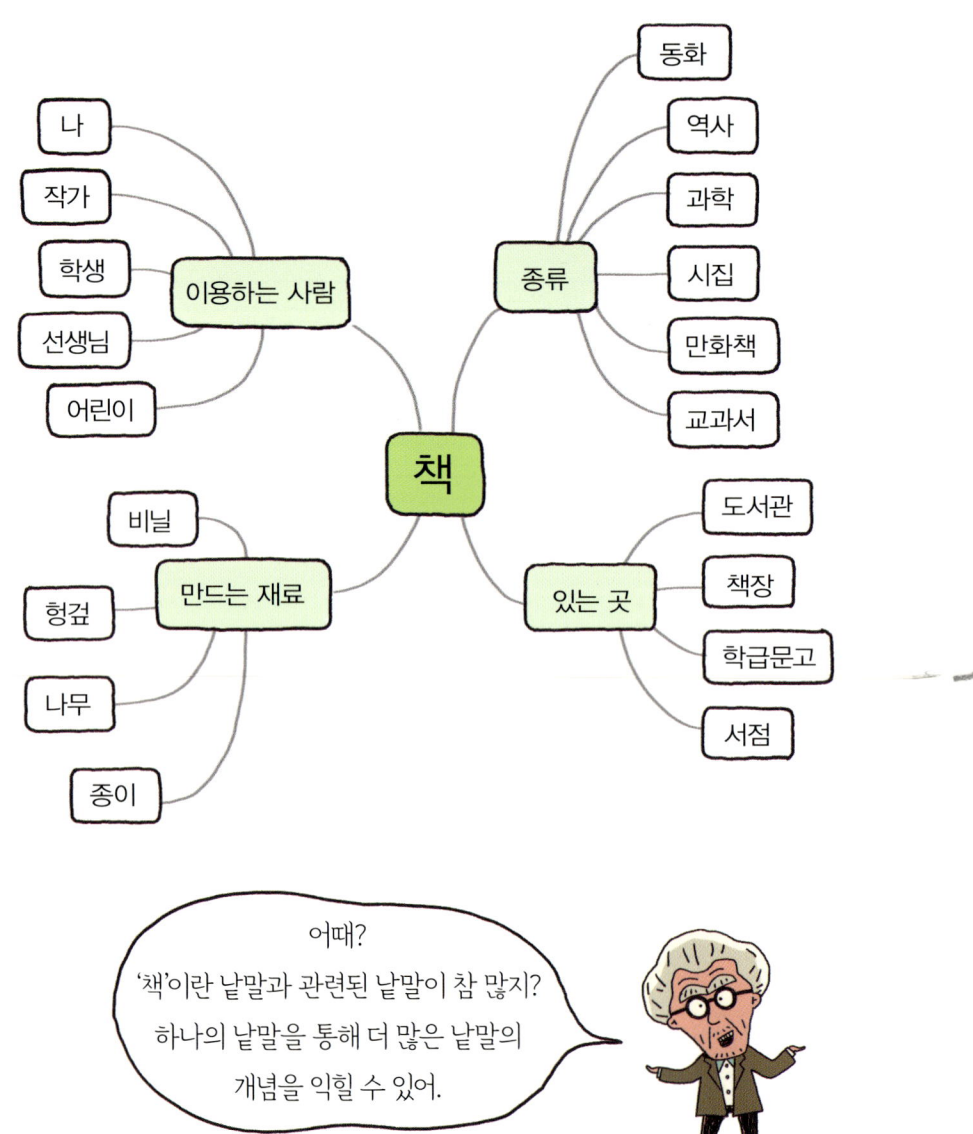

4. 낱말을 한 가지 정해서 쓰고 그 낱말과 관련된 다른 낱말을 생각나는 대로 찾아 분류해 써 보세요.

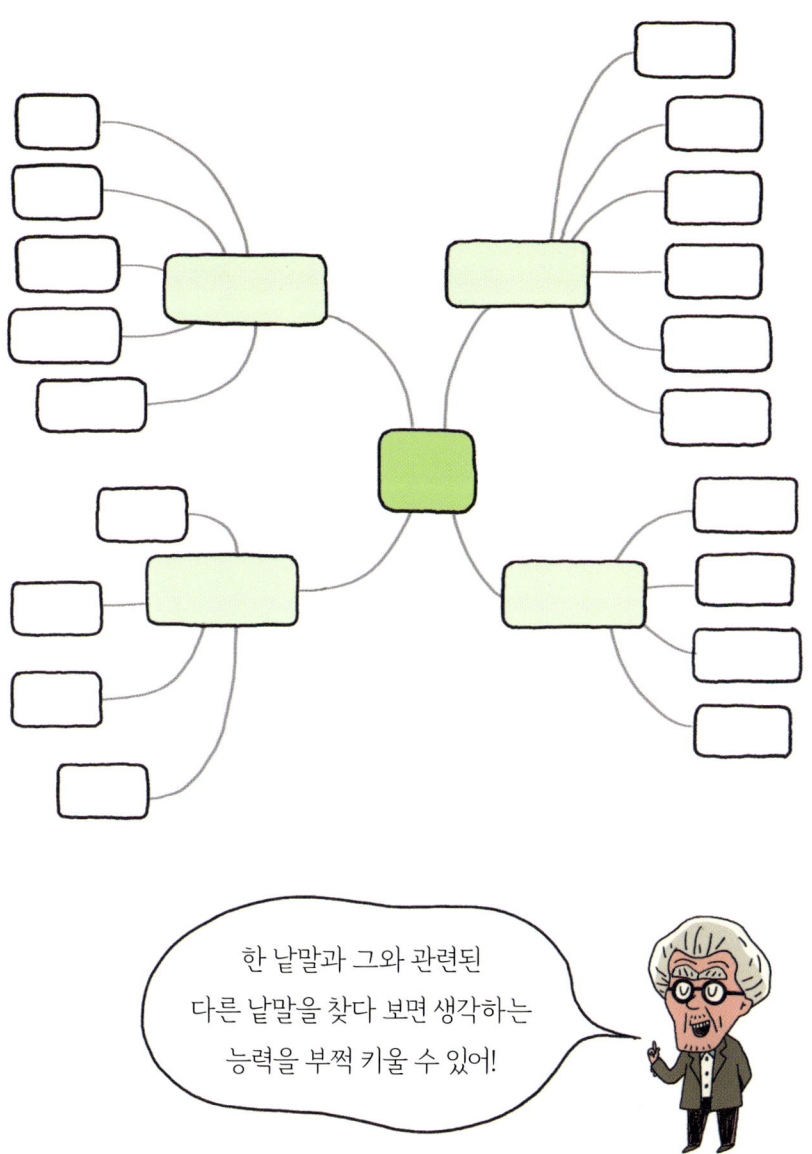

한 낱말과 그와 관련된 다른 낱말을 찾다 보면 생각하는 능력을 부쩍 키울 수 있어!

5. 각 번호에 적힌 설명을 읽고, 빈칸을 완성해 보세요. (정답 164쪽)

	1		2		3		4
			5	6			
7	8					9	
	11				12		
13				14		15	16
		17			18		
19					20		

가로 열쇠

① 오빠와 여동생을 함께 가리키는 말.

　예) 해와 달이 된 ○○○

③ 어떤 일이나 대상에 대하여 그 사람이 생각하는 견해나 입장.

　예) 어린 시절에 올바른 ○○○을 가져야 바른 행동을 할 수 있다.

⑤ 소, 말 등의 가축을 기르는 일. 또는 그런 일을 하는 직업.

⑦ 서로 가까이 사는 사람. 또는 우리 집과 가까이에 있는 집.

⑨ 어떤 일의 상황이 매우 어려움에 처한 상태.

　예) ○○에 빠진 친구를 도와주어야 한다.

⑪ 어두운 곳. 반대말은 양지.

⑫ 국가나 지방 단체가 공공의 목적으로 국민들에게 거두어들이는 돈.
⑬ 나뭇가지에 꽃이 핀 것처럼 내려앉은 눈.
⑮ 어떤 사실을 증명하기 위해 드는 근거.
⑰ 여럿이 함께 외치거나 악을 쓰며 부르짖는 소리.
⑲ 옆으로 밀어서 열고 닫는 방식의 문.
⑳ 일이 바라는 대로 되지 않아 희망을 잃은 느낌.
　　예) 내가 좋아하는 팀이 경기에 져서 ○○○이 크다.

세로 열쇠

① 아무렇게나 굴려도 다시 원래대로 일어나는 장난감.
② 코와 목. 또는 남들이 바라보는 시선.
　　예) 축구 경기에 온 국민의 ○○이 집중되었다.
③ 한 집안에서 대대로 물려받은 직업.
④ 아름다운 경치나 문화유산 등의 구경할 만한 대상이 되는 장소.
⑥ 어떤 것을 줄여서 작게 함.
⑧ 꽃이 피어나듯 환하고 즐겁게 웃는 웃음.
⑨ 호기심이 가득하여 알고 싶어 하는 마음.
⑬ 한두 번 보기만 하고도 곧 그대로 해낼 수 있는 재주.
　　예) 훈민이는 ○○○가 좋아서 기술을 금방 배웠다.
⑭ 줄기차게 퍼붓는 큰비.
⑯ 사람과 사람 사이에 친하지 못하여 서먹서먹한 느낌.
⑰ 나이가 어린 사람.
⑱ 태도와 말투가 정성스럽고 참됨.
　　예) 정음이는 맡은 일을 ○○하게 잘한다.

1. 그림을 보고 떠오르는 명사를 생각해 보세요. 그리고 그 명사를 사용하여 시를 써 보세요.

메리 카사트의 〈해변에서 노는 아이들〉, 워싱턴 DC 갤러리 소장

위의 그림은 미국의 여성 화가 메리 카사트가 그린 〈해변에서 노는 아이들〉이란 작품이야.

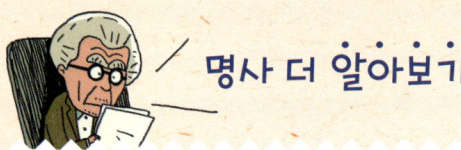# 명사 더 알아보기

- **갈무리**: 물건을 가지런히 정리하여 보관함.

  예) 장난감을 갖고 논 다음에는 갈무리를 잘해야 한다.

- **몽니**: 심술궂게 욕심을 부리는 성질.

  예) 놀부는 마을 사람들에게 몽니를 많이 부렸다.

- **백안시**: 사람이나 일을 가볍게 보아 업신여기거나 냉대함.

  예) 공부를 못한다고 해서 친구를 백안시 하면 안 된다.

- **청안시**: 사람을 반갑게 여겨 좋은 마음으로 봄.

  예) 오랜만에 만나는 친구를 청안시 하여 반겼다.

- **길라잡이**: 길을 안내해 주는 사람이나 사물.

  예) 어두운 바다에서 등대 불빛은 훌륭한 길라잡이 역할을 한다.

- **고목**: 키가 크고 나이가 오래된 나무.

  예) 마을 입구에 있는 고목은 여름 한철 사람들의 쉼터가 된다.

- **궁리**: 마음속으로 이리저리 따지며 깊이 생각함.

  예) 아무리 궁리를 해 보아도 해결 방법을 모르겠어.

- **울타리**: 건물의 담 대신에 풀이나 나무를 엮어서 막아 놓은 물건.

  예) 낮은 울타리를 넘어 옆집 고양이가 들어왔다.

- **마구간**: 말을 기르는 곳.

  예) 나는 할아버지를 도와서 마구간을 청소했다.

- **달음박질**: 급하게 뛰어서 달려가는 행동.

  예) 급한 마음에 달음박질로 산을 내려왔다.

- **뒤꼍**: 집 뒤편의 담장 안쪽에 있는 뜰이나 마당.
 예) 할머니 댁 뒤꼍에는 우물이 아직 있다.

- **벽창우**: 고집이 세서 도무지 말이 통하지 않는 사람.
 예) 너하고는 답답해서 대화가 안 돼! 무슨 벽창우도 아니고.

- **호응**: 다른 사람이 말하는 것에 대답하거나 응함.
 예) 강연을 할 때 말솜씨가 좋으면 많은 호응을 받을 수 있다.

- **파지**: 찢어진 종이나 못 쓰게 된 종이.
 예) 색종이를 잘못 오려서 파지가 되었다.

- **가을걷이**: 가을에 익은 곡식을 거두어들이는 일.
 예) 가을걷이가 끝난 들판에 서리가 내렸다.

- **대단원**: 어떤 일의 맨 마지막.
 예) 연극이 대단원의 막을 내렸다.

- **행실**: 눈에 보이거나 실제로 드러나는 행동.
 예) 행실이 바르고 착한 친구는 인기가 있다.

- **알은체**: 어떤 일에 관심을 가지는 태도를 보임.
 예) 나는 잘 기억나지 않지만 그 사람이 먼저 나에게 알은체를 했다.

- **딴청**: 어떤 일을 할 때 그 일과 관계없는 일이나 행동.
 예) 공부 시간에는 딴청을 부리지 말고 선생님 말씀을 잘 들어라.

- **아름드리**: 둘레가 한 아름이 넘는 것을 나타내는 말.
 예) 숲속에는 아름드리 느티나무가 쭉쭉 뻗어 있다.

명사 낱말을 많이 모으니 든든한걸! 글 쓸 때 써먹어야지.

명사를 대신하는 낱말

 며칠이 채 지나기도 전에 '비밀 낱말 모으기' 프로그램은 아이들 사이에서 인기 폭발이었다. 쉬는 시간이면 아이들은 삼삼오오 모여서 낱말을 몇 개나 모았는지 자랑하고 다녔다. 물론 훈민이와 정음이도 그 아이들 사이에 끼어 있었다.
 훈민이와 정음이는 서로 자기가 더 낱말을 많이 모으고 싶어했다.
 "훈민아, 너 몇 번째 서랍까지 열었니?"
 "난 아직 첫째 서랍밖에 못 열었어. 그래서 낱말을 몇 개 못 채웠지."
 "나랑 비슷하구나."
 훈민이는 정음이에게 거짓말을 했다. 사실 훈민이는 첫번째 서랍 안에 명사 낱말을 잔뜩 채웠다.
 "정음이 넌? 명사를 몇 개나 모았어?"

"음, 정확하게 세어 보지 않았어. 한 스무 개 정도 될까?"

"아! 정말 나랑 비슷하게 모았구나."

정음이도 똑같이 훈민이에게 거짓말을 했다. 사실 정음이의 서랍에는 이미 50개도 넘는 명사가 있었다.

아이들의 생각은 엇비슷했다. 서로 눈치를 보며 속으로는 자신이 더 빨리 아홉 개의 서랍을 채우고 싶어했다. 어떤 아이는 친구들의 대화에 끼고 싶어서 아직 프로그램을 시작하지도 않았는데 낱말을 50개 넘게 모았다며 허풍을 떨기도 했다.

이 모든 상황을 지켜보고 있던 교장 선생님은 얼굴에서 기쁨을 감추지 못했다.

"할아버지! 작전이 대성공입니다. 아이들이 이렇게 우리말을 많이 알려고 혈안이 되다니요. 두고 보십시오. 아이들이 자기 뜻을 제대로 표현할 수 있도록 제가 힘쓰겠습니다. 하하하!"

정음이는 며칠째 책을 읽다가 새로 알게 된 낱말들을 수첩에 열심히 적고 있었다. 낱말을 많이 모아서 서랍 속에 넣기 위해서이다.

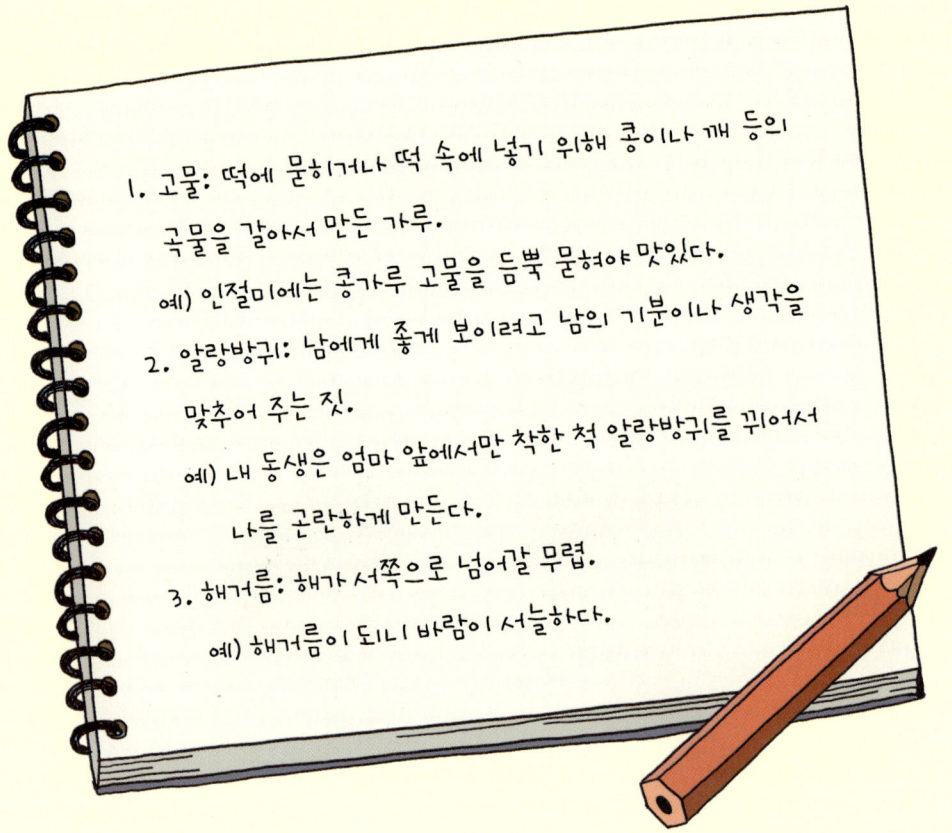

1. 고물: 떡에 묻히거나 떡 속에 넣기 위해 콩이나 깨 등의 곡물을 갈아서 만든 가루.
예) 인절미에는 콩가루 고물을 듬뿍 묻혀야 맛있다.
2. 알랑방귀: 남에게 좋게 보이려고 남의 기분이나 생각을 맞추어 주는 짓.
예) 내 동생은 엄마 앞에서만 착한 척 알랑방귀를 뀌어서 나를 곤란하게 만든다.
3. 해거름: 해가 서쪽으로 넘어갈 무렵.
예) 해거름이 되니 바람이 서늘하다.

모르는 낱말을 찾아서 뜻을 알아보고, 비밀 서랍 속에 넣어 두는 일은 생각보다 재미있었다. 정음이는 어제에 이어 다시 학교 누리집에 들어가 보았다. 그러자 메인 화면에 아래와 같은 글이 떴다.

반갑습니다.
최정음 학생은 이번이 네 번째 접속입니다.
지금까지 모은 낱말은 명사 56개입니다. 첫 번째 서랍에 들어가면 모은 낱말을 확인할 수 있습니다.
공부해 보고 싶거나 새로운 낱말을 채우고 싶은 서랍을 선택하여 주십시오.

정음이는 잠시 고민하다가 '대명사'라고 적힌 두 번째 서랍을 재빨리 클릭했다. 그러자 곧이어 세종 대왕이 또 튀어나왔다.

안녕?

요즘 날 찾는 사람이 많군.
여기, 저기, 거기, 이것, 저것…….
이런 걸 바로 '대명사'라고 하느니라.
과인이 쉽게 설명해 줄 테니 잘 들어라!

'대명사'는 '명사'를 대신하는 낱말이라는 뜻이니라. 그러니까 명사가 들어가야 할 자리에 대신 들어가서 사람이나 사물, 장소 등을 가리키는 낱말이지.

가리키는 대상이 무엇이냐에 따라 대명사는 크게 두 가지 종류가 있다. '나, 너, 우리'처럼 사람을 가리키는 말을 '인칭 대명사'라고 하고, '이, 그, 저'처럼 사물이나 장소 등을 가리킬 때에는 '지시 대명사'라고 하지. 아래 표를 살펴보렴.

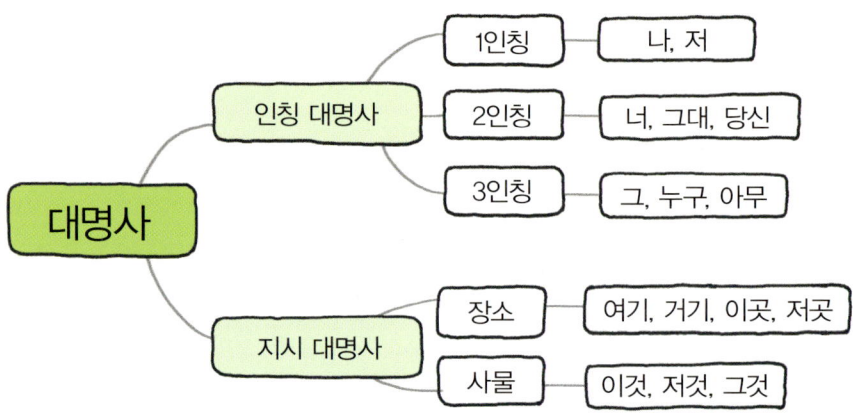

예시)
- 정음아, **너**는 오늘 무슨 책을 읽었니?
- **나**는 '계절의 비밀'이라는 책을 읽었어.
- **그것**은 어떤 내용이야?
- 지구에 일어나는 자연 현상에 대한 거야.
- 나도 읽고 싶다. 그 책 **누구**한테 있어?
- **저기**에 있을 거야. 아까 책꽂이에 꽂아 두었어.

위의 대화에서 갈색으로 쓴 낱말이 모두 대명사이니라. 각각의 대명사가 무엇을 가리키는지 알겠느냐?

'나'는 말하는 사람인 정음이를 가리킨다. 자기 자신을 가리키는 1인칭 대명사이지. '너'는 훈민이의 말을 듣고 있는 상대인 정음이를 가리키는데, 대화에서 자신의 말을 듣는 상대를 가리킬 때에 2인칭 대명사를 쓰지. 또 '누구'는 대화를 하는 훈민이와 정음이 말고 다른 사람을 가리키고 있어. 그런 말을 3인칭 대명사라고 한단다. 그리고 '그것'은 정음이가 읽은 책, 즉 사물을 가리키고 '저기'는 정음이가 책을 꽂아 둔 책꽂이, 즉 장소를 가리키고 있어. 이렇게 사물이나 장소를 가리키는 말을 지시 대명사라고 하느니라.

> 이제부터 대명사의 여러 가지 쓰임에 대해서 연습해 보면 더 잘 알 수 있을 거야.

1. 빈칸에 들어갈 알맞은 대명사를 〈보기〉에서 찾아 쓰세요. (정답 164쪽)

보기 언제, 이, 내, 당신, 이곳, 우리, 저, 그것, 누구, 과인, 나

어느 날 용왕님이 앓아누웠다는 소식에 물고기 신하들이 모여서 회의를 열었습니다.

"용왕님의 병을 구하는 데에는 육지에 사는 토끼의 간이 꼭 필요하오."

도미 대신이 걱정하는 낯빛으로 말을 꺼냈습니다.

"아니, ☐이 그렇게 효과가 있단 말씀이오?"

갈치 장군이 놀라며 대답했습니다.

"그럼 얼른 ☐을 찾으러 가야지요. ☐를 보내면 되겠소?"

복어 신하가 오징어 대장을 뚫어지게 바라보며 물었습니다.

"아니, 왜 ☐를 그렇게 쳐다보시오? ☐는 아니 되오."

오징어 대장이 버럭 화를 내며 소리쳤습니다.

"☐은 다리도 많고, 다리마다 빨판이 다닥다닥 붙어 있으니 토끼란 놈을 재빨리 낚아챌 수 있지 않겠소? 어서 토끼를 잡아서 ☐으로 데리고 오시오."

글을 읽을 때에 대명사가 나오면 그것이 무엇을 가리키는지 잘 파악해야 글의 내용을 이해하기 쉬워.

복어 신하의 말에 오징어 대장은 얼굴이 붉으락푸르락해지며 다시 호통을 쳤습니다.

"아니, 그럼 ▢이 가면 되지 않소? 토끼한테 가서 독기 품은 그 통통한 배를 보여 주면 되지 않겠소?"

오징어 장군의 말에 복어 신하가 화가 나서 배를 불룩였습니다. 도미 대신이 ▢들을 진정시켜 말리고는 근엄한 목소리로 모두에게 말했습니다.

"어허, 도대체 ▢까지 싸우고만 있을 거요? 목청 높이지 마시고 ▢가 함께 해결책을 궁리해 봅시다."

멀리서 이들의 대화를 듣고 있던 용왕님은 혀를 끌끌 차며 안타까워했습니다.

"쯧쯧. ▢이 그동안 잘못 살았나 보구나. ▢가 저들에게 마음을 베풀지 못하였으니, ▢들 또한 ▢를 중심으로 섬기지 않느니. ▢를 탓하겠는가! 부질없이 살아온 지난 세월이 한탄스러울 따름이야."

대명사는 낱말의 종류가 많지 않아. 그러니 낱말만 모으지 말고 그 낱말이 쓰이는 예를 서랍 속에 모아 보렴.

1. 갈색 낱말을 대신할 수 있는 대명사를 생각해 보세요. 그런 다음 그 대명사를 넣어 말해 보세요. 친구 또는 부모님과 역할 놀이를 해도 좋아요. (정답 164쪽)

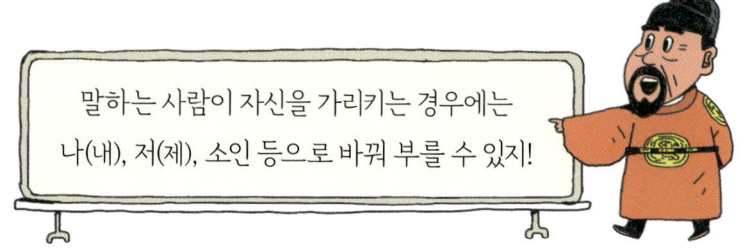

말하는 사람이 자신을 가리키는 경우에는 나(내), 저(제), 소인 등으로 바꿔 부를 수 있지!

말을 듣고 있는 상대를 가리키는 경우에는 너(네), 그대, 당신, 귀하, 자네 등을 쓰고…….

대화를 주고받지 않는 그 밖의 다른 사람을 가리키는 경우, 그, 그녀, 누구, 아무, 자기 등을 쓴단다. 앞의 세 가지 경우 모두 사람을 가리키는 대명사지.

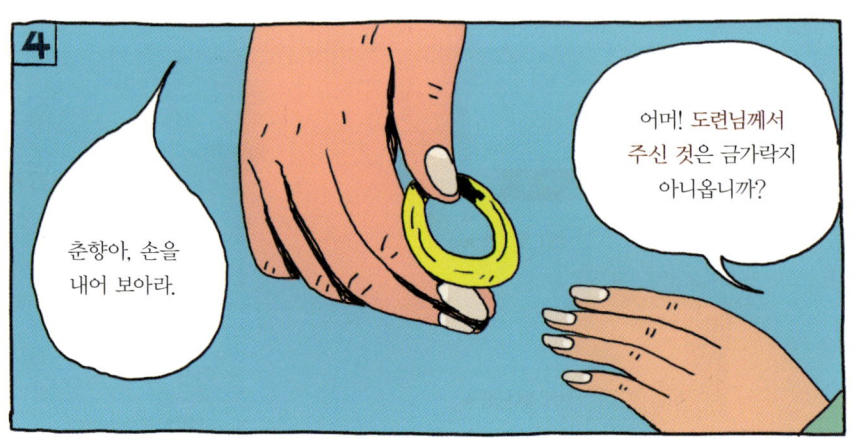

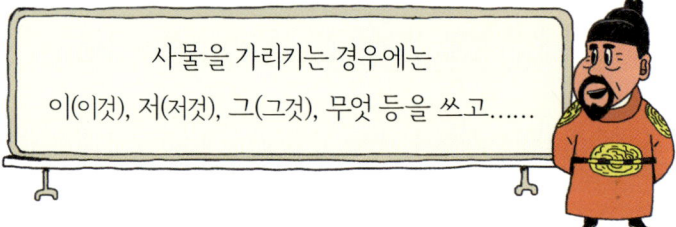

사물을 가리키는 경우에는
이(이것), 저(저것), 그(그것), 무엇 등을 쓰고……

장소를 가리키는 경우,
여기, 저기, 거기, 이곳, 저곳, 그곳 등을 쓰는데
대명사는 사물과 장소를 대신 나타내기도 하지.

1. 다음 글에서 대명사를 어떻게 사용했는지 살펴보고, 대명사가 가리키는 것이 무엇인지 찾아보세요. (정답 164쪽)

　　어사또는 월매가 정한수를 떠 놓고 비는 모습을 훔쳐보다가 소리 없이 문 앞에 이르러 중얼거렸다.
　　"내가 벼슬한 것이 조상님 덕인 줄 알았더니, 우리 장모 덕이로구나."
　　어사또가 안에다 대고 기척을 냈다.
　　"그 안에 뉘 있나?"
　　월매가 눈물을 훔치면서 문 앞으로 나왔다.
　　"뉘시오?"
　　"날세."
　　"나라니 뉘신가?"
　　"이 서방일세."
　　월매가 어둑어둑해진 문밖에 우뚝 선 어사또를 힐끔 쳐다보고 말하였다.
　　"이 서방이라니? 옳지! 이풍헌 아들 이 서방인가?"
　　"허허! 장모, 망령이로세. 나를 몰라, 나를 몰라?"
　　"자네가 누구여?"
　　"사위는 백년손님이라 하였는데 어찌 나를 모르는가?"
　　월매는 반가워서 어사또 손을 덥석 잡고 소리쳤다.
　　"애고애고, 이게 웬일인고. 어디 갔다 이제 오나! 바람이 거세더니 바람결에 날아왔는가. 구름이 봉우리에 걸리더니 구름 속에 싸여 왔는가. 춘향이 소식 듣고 살리려고 와 계신가. 어서어서 들어가세."

　　　　　　　　　　　　　　　　　－〈한국고전문학읽기〉시리즈 《춘향전》 110, 111쪽 중에서

2. 갈색으로 표시된 대명사를 이용하여 짧은 글을 써 보세요.

대명사	짧은글
내	예)책상 위에 있는 내 물건을 건드리지 마세요.
우리	
뉘	
나	
자네	
이게	
어디	

어때? 이제 대명사가 어떤 것인지 이해했니?
모든 문학 작품에는 항상 대명사가 많이 등장한단다.
대명사가 없다면 사람 이름이나 지역, 물건 등을
그 이름 그대로 사용해야 하기 때문에 문장이 길어지고
지루해질 거야. 이번에는 좀 더 다양한
대명사에 대하여 알아볼까?

1. 다음 대화문에 들어갈 알맞은 대명사를 〈보기〉에서 골라 빈칸에 써 보세요. (정답 164쪽)

> 보기 과인, 자네, 소인, 당신, 댁, 우리, 너희, 그녀, 그이

 그대들은 들으라. ☐이 어리석은 백성들을 위하여 새로운 글자를 만들었으니 널리 쓰일 수 있도록 하여라.

 전하, 성은이 망극하옵니다.

 "이보게. ☐는 누구인데 이렇게 불쌍한 백성들을 도와주는 겐가?"

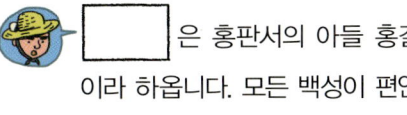 ☐은 홍판서의 아들 홍길동이라 하옵니다. 모든 백성이 편안한 나라를 꿈꾸고 있사옵니다."

 오, 춘향이! ☐는 지금 무엇을 하고 있을까?"

 도련님, 보고 싶어요. ☐도 나를 그리워하고 있을까?"

 ☐이 육지에 사는 토끼요?"

 그렇소만 은 뉘시오?"

 ☐들, 뭐가 그렇게 재미있어? 나도 같이 웃자."

 그래, 이리 앉아. ☐는 어제 봤던 만화영화에 대해서 이야기하고 있었어."

그 밖에도 불초자, 쇤네, 귀하, 이녁, 저이 등의 대명사도 있어. 각 낱말의 뜻을 알아보고, 대명사의 다양한 쓰임을 모아 두렴.

1. 대명사의 쓰임에 어울리게 재미있는 이야기를 써 보세요.

   나는 어젯밤 꿈속에서 _____ 를 갔어.

   그곳에서 _____ 를(을) 만났어. 그(그녀)와 함께 정말 신나는 시간을 보냈어. 우리가 무엇을 했냐면 말이야.

   그리고 나는 거기에서 _____ 도 보았어. 그것이 어떻게 생겼냐면 말이야.

   어때? 정말 신나는 꿈이지? 너도 오늘 밤에는 멋진 꿈나라 여행을 한번 해 봐. 그리고 나에게 네 꿈에서 일어난 일을 말해 주렴.

수를 나타내는 낱말

'비밀 낱말 모으기' 과제가 시작된 지 일주일이 지났다. 꽃누리초등학교 누리집의 첫 화면에 일주일 동안의 중간 결과가 발표되었다.

♡칭찬합니다♡

'비밀 낱말 모으기'를 시작한 지 일주일 째,
드디어 낱말을 100개 이상 모은 친구들이 나왔어요.
이번 주에는 이름만 발표할게요.

◆ 낱말을 100개 이상 모은 사람 ◆
김지언, 최정음, 이훈민, 김건호, 조은수, 박승현, 김예선

☆ 다음 발표는 일주일 뒤에 있습니다. 모두 분발해서 자신의 서랍 속에 낱말을 가득 채워 보세요. 여러분이 우리말을 아끼면 세종 대왕이 활짝 웃으십니다.

훈민이는 중간 결과를 보고 깜짝 놀랐다. 솔직히 자신이 낱말을 가장 많이 모았을 거라고 기대했었다. 훈민이는 벌써 명사와 대명사를 합쳐서 150개나 모았다. 그런데 100개 넘게 모은 사람이 7명이나 되다니!

'뭐야? 정음이도 100개를 넘었잖아. 아까 물어봤을 때 분명히 얼마 모으지 못했다고 했는데……'

명단에 정음이도 있는 것을 보고 훈민이는 적지 않게 놀랐고 정음이가 약간 괘씸하기도 했다. 그리고 조금 더 분발해야겠다는 생각으로 컴퓨터를 켰다.

반갑습니다. 이훈민 학생은 이번이 일곱 번째 접속입니다.
지금까지 모은 낱말은 〈첫째 서랍, 명사〉 94개,
〈둘째 서랍, 대명사〉 56개입니다.
공부해 보고 싶거나 새로운 낱말을 채우고 싶은 서랍을 선택해 주십시오.

훈민이는 평소 자수 헷갈렸던 수사를 선택했다.

'수사'는 수량이나 순서를 나타내는 낱말이다. 복잡한 듯하지만 조금만 생각해 보면 어렵지 않으니 내 설명을 잘 들어 보아라.

수사 중에는 '하나, 둘, 셋, 넷'과 같은 낱말이 있는데 이 낱말들은 사물의 수량을 나타낸다고 하여 '양수사'라 하느니라. '하나, 둘, 셋, 넷'은 토박이말로 쓴 것이고, 한자어로는 '일, 이, 삼, 사'로 쓰지.

또한 '첫째, 둘째, 셋째, 넷째'와 같이 어떤 것의 순서를 나타내는 낱말을 '서수사'라고 한다. 이렇게 양수사와 서수사를 합쳐서 모두 수사라고 부르지.

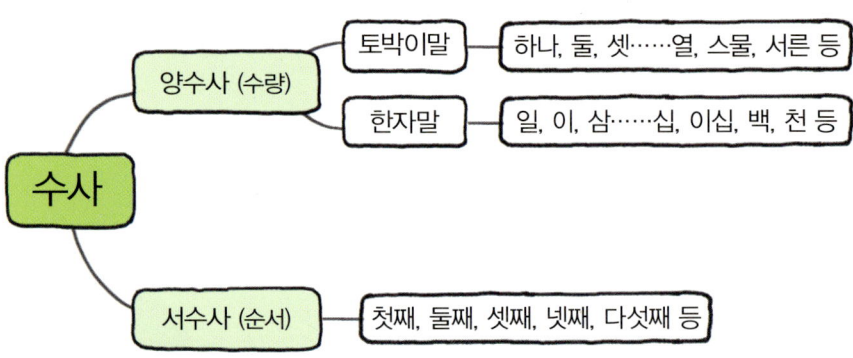

수사는 종류가 몇 개 되지 않아서 쉽게 느껴지느냐? 하지만 수사를 사용할 때 반드시 조심해야 할 것이 있다.

예시)
- 정음아, 이 낱말은 네가 몇 번째로 모은 거야?
- 이번에 모은 낱말은 <u>사십두</u> 번째야.
- 정말? 꽤 많이 모았네.
- 너도 많이 모았잖아. 같이 열심히 해 보자.

여기에서 무엇이 잘못 되었는지 알겠느냐?

수사는 수사끼리 합쳐져서 '삼백오십삼', '서른둘'처럼 수많은 말을 만들어 낼 수 있단다. 하지만 이때 토박이말과 한자어를 함께 섞어서 쓸 수 없지. 정음이가 한 말에서 '사십두'는 한자어 '사십(四十)'과 토박이말 '두(둘)'가 섞여 있지? 이 말을 올바르게 고치면 '사십이 번째' 또는 '마흔두 번째'가 된단다. 이 점을 꼭 주의하렴.

수사가 쉬운 듯하면서도 헷갈리지? 수사에 대해서 조금 더 알아볼까?

수사의 종류에는 양수사와 서수사가 있다고 했어. 그럼 수사가 각각 어떤 수를 나타내는지 알아보자!

1. 빈칸에 알맞은 양수사를 써 보세요. (정답 164쪽)

숫자	1	2	3	4	5
토박이말	하나	둘	셋	넷	다섯
한자말	일	이	삼	사	오

숫자	6	7	8	9	10
토박이말	여섯	일곱	여덟	아홉	열
한자말	육	칠	팔	구	십

숫자	20	30	40	50	60
토박이말					
한자말	이십	삼십	사십	오십	육십

숫자	70	80	90	100	1000
토박이말	일흔			온	즈믄
한자말	칠십	팔십	구십	백	천

※ '온', '즈믄'은 요즘은 잘 쓰이지 않지만 백(百)과 천(千)을 나타내는 옛 우리말임.

2. 서수사를 바르게 쓴 것에 O표를 해 보세요.

1) 부모님이 우리에게 바라는 것의 첫째는 건강이고, 둘째는 행복이다. (   )

2) 부모님이 우리에게 바라는 것의 한째는 건강이고, 두째는 행복이다. (   )

1) 정음이는 세째 줄에 앉아 있고, 훈민이는 네째 줄에 앉아 있다. (   )

2) 정음이는 셋째 줄에 앉아 있고, 훈민이는 넷째 줄에 앉아 있다. (   )

1) 마라톤 대회에서 비록 열째로 들어왔지만, 노력한 과정은 훌륭했다. (   )

2) 마라톤 대회에서 비록 십째로 들어왔지만, 노력한 과정은 훌륭했다. (   )

'둘째'와 '두째' 중에서는 표준어 규정에 따라 '둘째'만을 표준어로 인정한다. '셋째'와 '세째', '넷째'와 '네째'에서는 '셋째', '넷째'만을 표준어로 인정하지. '아홉째' 다음에 헤아리는 수는 '열째'이며 '십째'란 말은 없다.

1) 오늘 아침에 열한째로 등교한 학생은 이훈민이다. (   )

2) 오늘 아침에 열첫째로 등교한 학생은 이훈민이다. (   )

1) 올림픽 개막식에서 열둘째로 입장한 나라는 중국이고, 열세째는 미국, 열네째는 프랑스이다. (   )

2) 올림픽 개막식에서 열두째로 입장한 나라는 중국이고, 열셋째는 미국, 열넷째는 프랑스이다. (   )

처음 헤아리는 수를 '첫째'라고 하지만 열한 번째로 헤아리는 수는 '열첫째'가 아니라 '열한째'이다. 또한 두 번째로 헤아리는 수는 '둘째'라고 하지만 두 자릿수의 단위를 셀 때에는 '열두째', '스물두째', '서른두째'처럼 쓴다. 그런데 '열세째', '열네째'는 틀리고 '열셋째', '열넷째'가 맞는 표현이다.

3. 숫자를 순서대로 세어 보고 다음에 이어지는 숫자를 써 보세요.
   (정답 164쪽)

1) 하나, 둘, 셋, 넷, 다섯, 여섯, 일곱, 여덟, 아홉, 열, 열하나, 열둘, 열셋, 열넷,

2) 일, 이, 삼, 사, 오, 육, 칠, 팔, 구, 십, 십일, 십이, 십삼, 십사, 십오, 십육, 십칠,

3) 첫째, 둘째, 셋째, 넷째, 다섯째, 여섯째, 일곱째, 여덟째, 아홉째, 열째, 열한째,

> 수사 낱말을 사용해서 재미있는 글을 써 보자! 너무 잘 쓰려고 고민하지 말고 그냥 머릿속에서 떠오르는 대로 자신 있게 쓰면 돼!

1. 수사 낱말을 사용하여 어떻게 글쓰기를 했는지 살펴보세요.

하나는 나예요. 세상에서 하나뿐인 나.

둘은 엄마, 아빠. 내가 제일 사랑하는 사람.

셋은 자전거예요. 우리 동생 세발자전거.

넷은 상다리. 얌얌얌, 쩝쩝쩝. 잘 먹겠습니다.

다섯은 무궁화. 한 잎, 두 잎, 세 잎, 네 잎, 다섯 잎. 활짝 핀 꽃송이.

여섯은 우리 할머니. 아들딸 육남매, 힘들게 키우셨죠.

일곱은 행운이래요. 행운의 7.

여덟은 어미 새의 사랑. 동글동글 예쁜 알이 사이좋게 여덟 개.

아홉은 야구 선수. 투수가 던지면 타자가 받아쳐요. 홈런이다!

열은 오징어 다리. 다리가 열 개면 더 빨리 달릴까?

2. 수사 낱말을 사용하여 시나 간단한 이야기를 써 보세요.

'일, 이, 삼, 사' 혹은 '첫째, 둘째, 셋째, 넷째' 등을 사용해서 재미있게 써 보렴.

움직이고 행동하는 낱말

〈비밀 낱말 모으기〉 게임이 시작된 후, 꽃누리초등학교 학생들은 전에 없던 습관이 생겼다. 다름 아닌 책을 읽다가 모르는 낱말이 나오면 수첩에 적어 두고 사전에서 뜻을 찾아보는 것이다.

"아! 난 국어는 시시하다고 생각했어."

"그러게. 나도 당연히 우리말은 거의 다 알고 있다고 자신만만했는데, 그게 아니더라."

"너도 그랬니? 나도 마찬가지야. 사실은 내가 모르는 낱말이 이렇게 많다는 것에 깜짝 놀랐어."

아이들은 모여 앉아 중얼중얼 이야기를 나누었다.

"얼마 전에 '꽃무릇'이라는 낱말을 알았어. 꽃 이름인데 내가 만약 이 낱말을 몰랐다면 그 꽃의 아름다움도 모르고 살았을 거야. 그렇게 아름다운 꽃을 몰랐다면 얼마나 안타까웠을까?"

"맞아. 새로운 낱말 뜻을 알게 되면 세상에서 내가 몰랐던 것을 하나 알게 되는 것과 같아."

아이들은 하나둘씩 낱말 찾기 놀이에 재미를 붙였다. 정음이도 마찬가지였다. 조금이라도 모르는 낱말이 있으면 옆에 있는 사람에게 물어보는 버릇이 생겼다.

"엄마, 쭈뼛거린다는 게 어떤 뜻이야?"

"음, 그게 그러니까, 부끄러워서 머뭇한다는 뜻일걸?"

"그럼 머뭇한다는 건 무슨 뜻인데?"

"음, 그건 자신 있게 하지 못하고 망설인다는 뜻이지."

정음이가 때때로 말꼬리를 물고 늘어져 엄마는 짜증을 내기도 했다. 정음이는 학원을 모두 마치고 집으로 돌아와 학교 누리집에 접속했다. 모니터 화면에는 명사 135개, 대명사 24개, 수사 66개를 모았다고 나왔다. 곧이어 네 번째 서랍을 클릭했다.

동사 서랍

에헴! 사람이나 사물이나 움직이지 않고 가만히 있으면 죽은 거나 다름없지. 무엇이든 생명이 있으면 움직이고 행동하는 법. 이번에는 생명을 불어넣어 주는 낱말 '동사'에 대해 공부해 보자꾸나.

우리는 매일 아침이 되면 일어나고, 씻고, 먹고, 어딘가로 걸어간다. 그리고 누군가를 사랑하고, 무언가를 생각한다.

'은수'는 남자아이의 이름이며 명사이다. 은수는 가만히 있으면 아무런 행동을 하지 않아. 그런데 '은수'라는 명사에 '씻다, 먹다, 걷다, 사랑하다, 생각하다' 등의 낱말을 붙이면 은수는 비로소 몸을 움직이거나 생각을 할 수 있지. 이처럼 사람이나 사물의 동작이나 작용을 나타내는 낱말을 '동사'라고 하느니라.

'은수'와 '책'이라는 낱말이 있단다. 이 두 명사만 나란히 있으면 은수가 책을 어떻게 했다는 것인지 알 수가 없어.

하지만 동사가 있으면 두 낱말로 다양한 상황을 만들 수 있느니라. '읽다', '빌리다', '좋아하다', '던지다' 등의 낱말과 합쳐지면 은수는 책을 읽을 수도 있고, 빌릴 수도 있고, 좋아할 수도 있고 심지어 책을 던질 수도 있지.

왜 동사를 생명을 불어넣어 주는 낱말이라고 했는지 이해가 되느냐? 그런데 뭔가 이상하지 않느냐? '은수', '책'처럼 명사는 낱말의 모양이 변하지 않는데, 동사는 자꾸 변하는 것을 눈치 챘느냐?

기본형	활용형
읽다 (읽+다)	은수는 어제 그 책을 읽었다. (읽+었다)
	은수는 책을 읽고 간식을 먹었다. (읽+고)
	은수는 책을 읽는다. (읽+는다)

각각 다른 문장에서 쓸 때 모양이 여러가지로 바뀌는데 이것이 바로 동사의 특징이란다.

동사는 문장에 따라서 변하는 부분과 변하지 않는 부분이 있어. 변하지 않는 부분에 '-다'를 붙인 것을 '기본형'이라고 한단다. 그리고 경우에 따라서 모양이 변하는 것을 '활용'이라고 하지. 하나의 동사에는 활용형이 굉장히 많으므로 사전에서 동사의 뜻을 찾을 때에는 기본형을 찾아야 하느니라.

다음 장부터 차근차근 여러 동사를 모아 보자꾸나.

1. 여러 가지 낱말에서 동사를 찾아서 ○를 하고, 정확한 낱말 뜻을 생각해 보세요. (1단계 전체 정답 165쪽)

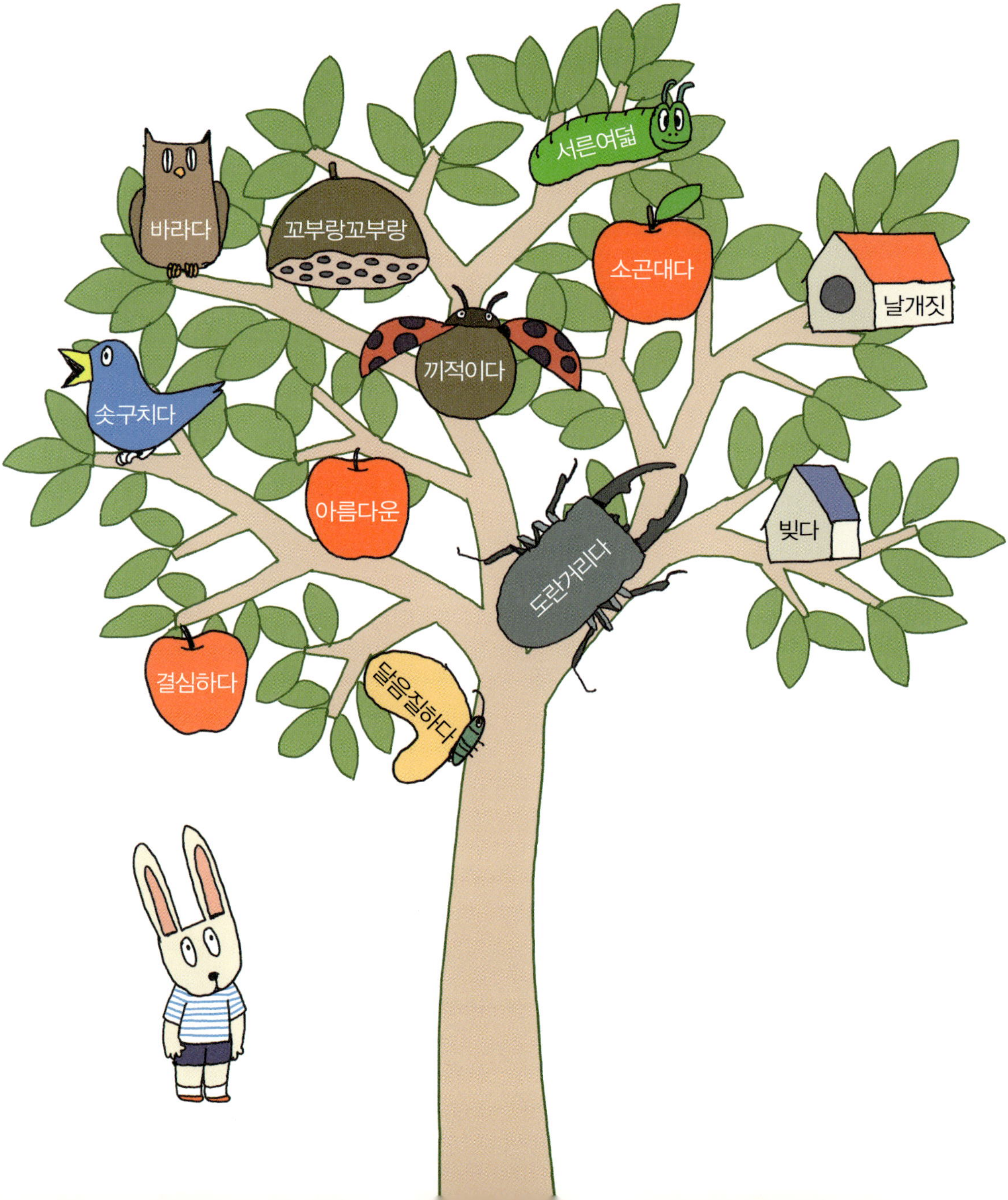

- 서른여덟
- 바라다
- 꼬부랑꼬부랑
- 소곤대다
- 날개짓
- 솟구치다
- 끼적이다
- 아름다운
- 빚다
- 도란거리다
- 결심하다
- 닮음질하다

2. 앞에서 찾은 동사를 활용하여 문장을 바르게 완성해 보세요.

도서관에서 앞에 앉은 친구들이 귓속말로
_____ .

추석에는 가족들이 둘러앉아 송편을
_____ .

더 열심히 해서 다음에는 꼭 성공할 거라
_____ .

친구들과 함께 재미있는 이야기를
_____ .

친구를 빨리 만나고 싶어서 골목길을
_____ .

 [걸음걸이를 표현한 동사]

1. 사다리를 따라 내려가서 도착한 곳에 들어갈 낱말을 〈보기〉에서 찾아 써 보세요. (2단계 전체 정답 165, 166쪽)

> **보기** 거닐다, 자박자박하다, 달음질하다, 주저하다

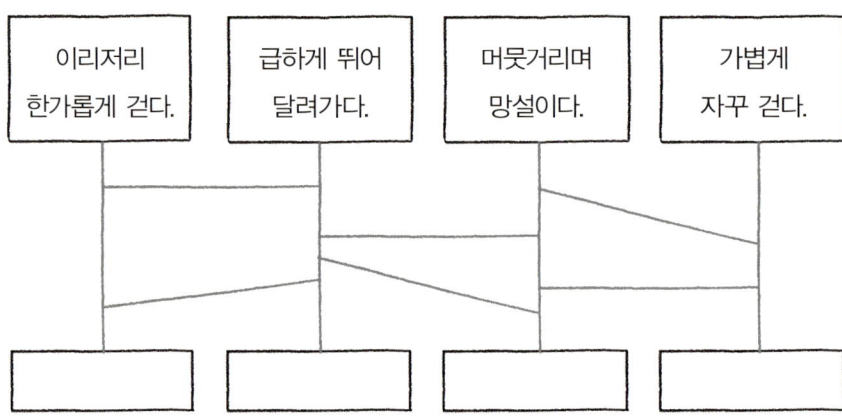

| 이리저리 한가롭게 걷다. | 급하게 뛰어 달려가다. | 머뭇거리며 망설이다. | 가볍게 자꾸 걷다. |

2. 걸음걸이와 관련된 동사를 더 찾아서 낱말의 뜻을 생각하고 써 보세요.

　서다, 쫓다,

[먹는 모습을 표현한 동사]

3. 짝이 되는 인물끼리 연결되도록 선을 긋고 낱말을 완성해 보세요.

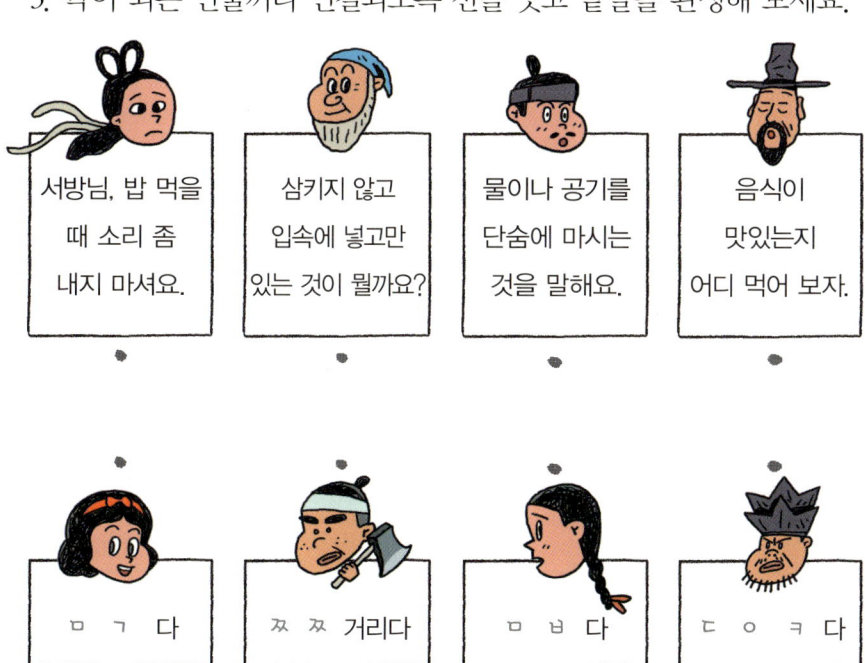

4. 먹는 모습과 관련된 동사를 더 찾아서 낱말의 뜻을 생각하고 써 보세요.

   삼키다, 먹다,

[말하는 모습을 표현한 동사]

5. 아래 표에서 설명하는 동사가 되도록 둥둥 떠다니는 글자를 찾아 빈칸에 써 보세요.

		대	다	남이 알아듣지 못하도록 작은 목소리로 말하다.
		대	다	낮고 빠른 목소리로 자꾸 말을 하다.
		하	다	일이나 상황에 대하여 자세하게 말하다.
		짖	다	감정이 격하여 마구 울면서 큰 소리를 내다.
		대	다	그럴 듯한 말로 꾸며서 말하다.

6. 말하는 모습과 관련된 동사를 더 찾아서 낱말의 뜻을 생각하고 써 보세요.

부르다, 속삭이다,

[감정을 표현한 동사]

7. 감정과 관련된 낱말 중에서 뜻이 서로 반대되거나 비슷한 낱말을 찾아 빈칸을 완성해 보세요.

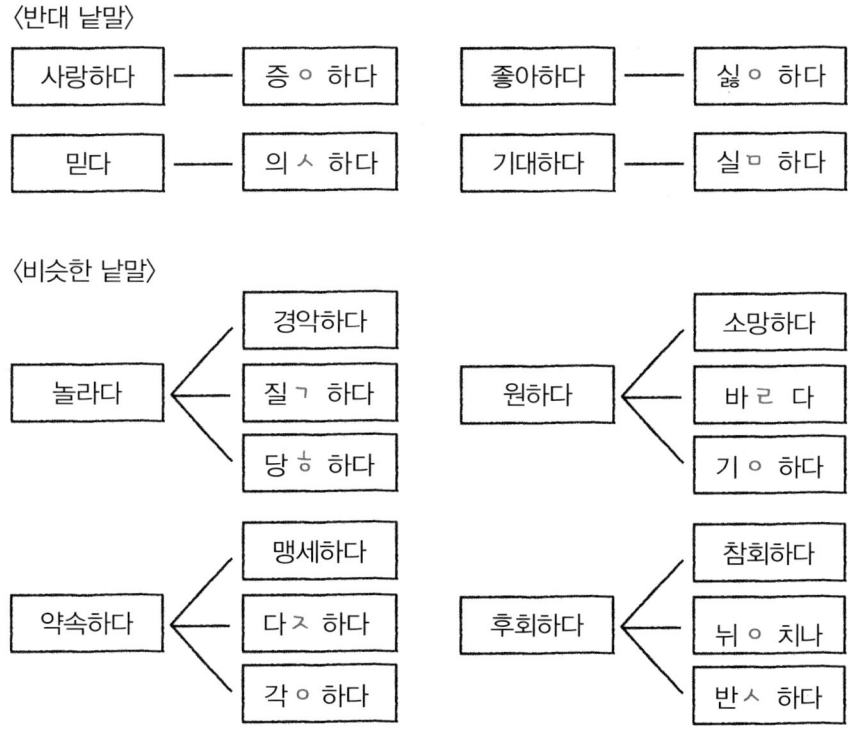

8. 감정과 관련된 동사를 더 찾아서 낱말의 뜻을 생각하고 써 보세요.

　기뻐하다, 아끼다,

1. 다음 글을 읽고 표시된 낱말을 대신할 수 있는 낱말을 생각해 보세요.

> **보기** 쳐다보다, 움켜쥐다, 적다, 떠올리다, 팽개치다, 실현되다, 되풀이하다, 마음먹다, 기원하다

글자들은 불에 타들어 가는 것처럼 사그라졌다. 다시 나타나기를 반복했다. '어서 빨리 소원을 써 봐.'라고 말하는 것처럼 보였다.

'소원을 써 보라고, 정말?'

정말 소원이 이루어질까 하는 생각이 들었다. 하지만 아무것도 안 하면 아무것도 이루어지지 않는다. 나는 소원을 쓰려고 결심했다.

'소원?' 무슨 소원을 빌지?'

도서관에 가득한 책들을 바라봤다. 아무도 없는 도서관의 책들은 유령처럼 보는 것만으로도 싫었다.

'그래, 어디 한번 해 보는 거야.'

나는 연필을 그러쥐고 다시 한 번 소원을 생각했다. 무슨 소원을 빌어야 할지 떠올랐다.

'이 세상의 책이 모두 사라지게 해 주세요.'

소원을 다 쓰고 나서 마침표를 꾹 찍었다. 그러자 글자들이 불꽃을 일으키며 타기 시작했다.

"으악!"

깜짝 놀라 책을 바닥에 내던졌다. 불꽃이 점점 더 커졌다.

— 《독후감 쓰기 싫은 날》 44, 45쪽 중에서

2. <보기>에서 알맞은 낱말을 골라 빈칸에 써 보세요. (정답 166쪽)

낱말	바꾸어 쓸 수 있는 낱말	낱말	바꾸어 쓸 수 있는 낱말
사그라졌다	없어졌다	바라봤다	
반복했다		그러쥐고	
이루어질까		생각했다	
결심했다		쓰고	
빌지		내던졌다	

동사는 문장에서 여러 모양으로 바뀐다고 했었지? 기본형을 적절하게 활용해서 알맞은 낱말을 써 보렴.

3. 위 문제에서 나온 동사 중에서 몇 개를 골라 짧은 문장을 만들어 보세요.

낱말	문장
사그라졌다	예) 활활 타오르던 모닥불이 어느새 사그라졌다.

1. 명사와 동사를 짝지어서 어떻게 이야기를 썼는지 살펴보세요.

명사	동사
강아지	달리다
동전	웃다
코웃음	으스대다
보금자리	졸랑대다
아이스크림	쓰다듬다

　학교 마치고 집으로 가는 길에 나는 아이스크림이 먹고 싶었다. 마침 주머니에 손을 넣으니 동전이 몇 개 있어서 곧바로 가게로 달려갔다. 아이스크림을 먹으니 신이 나서 졸랑대며 골목길을 걸어갔다. 그때 길을 잃은 강아지 한 마리를 보았다. 꼬리를 살랑살랑 흔들며 졸졸 따라오는 녀석이 귀여워서 나도 모르게 피식 웃었다.
　그런데 자꾸만 따라오는 강아지가 불쌍했다. 주인을 찾을 때까지라도 쉴 수 있는 집을 만들어 주고 싶었다. 그래서 빈 상자를 구해 와서 강아지의 보금자리를 만들어 주었다. 지나가던 아이들이 내가 만든 보금자리를 하찮게 여기며 코웃음을 쳤다. 그래도 내가 보기에는 최고로 멋진 집이다. 나는 속으로 으스대며 강아지의 머리를 쓰다듬어 주었다. 부디 강아지가 원래 자기 집을 찾아 돌아갔으면 좋겠다.

2. 앞에서 한 것처럼 주어진 명사와 동사를 사용해서 재미있는 이야기를 써 보세요.

동사 더 알아보기

- **치뜨다**: 눈을 위쪽으로 뜨다.
  예) 그 아이는 기분 나쁘게 눈을 치뜨고 나를 훑어보았다.

- **잦아들다**: 거칠거나 들뜬 기운이 가라앉아 잠잠해져 가다.
  예) 바람이 잦아들면 배를 띄울 수 있겠지?

- **분지르다**: 단단한 물체를 꺾어서 부러지게 하다.
  예) 놀부는 멀쩡한 제비 다리를 분질렀다.

- **거드럭거리다**: 거만하게 잘난 체하며 버릇없이 굴다.
  예) 높은 자리에 오를수록 거드럭거리지 말고 겸손해야 한다.

- **관여하다**: 어떤 일에 관계하여 참여하다.
  예) 살기 좋은 마을을 만들기 위해 많은 사람들이 관여하였다.

- **들락거리다**: 자꾸 들어왔다 나갔다 하다.
  예) 쓸데없이 화장실을 들락거리지 마라.

- **손꼽다**: 여럿 중에서 뛰어나거나, 그 수가 적다.
  예) 지리산은 많은 사람들이 손꼽는 아름다운 산이다.

- **얼버무리다**: 말이나 행동을 분명하지 않게 하다.
  예) 질문한 내용에 정확한 답을 몰라서 대답을 얼버무렸다.

- **매만지다**: 잘 다듬어서 손질하다.
  예) 흐트러진 머리를 가지런히 매만졌다.

- **흩날리다**: 흩어져서 날리다.
  예) 따뜻한 봄바람에 꽃잎이 흩날린다.

- **토라지다**: 마음에 들지 않아 돌아서다.
  예) 동생이 같이 놀아 주지 않는다고 잔뜩 토라졌다.

- **덩달다**: 남이 하는 대로 따라하다.
  예) 친구들이 왜 웃는지도 모르고 나도 덩달아 웃었다.

- **다독이다**: 남의 약한 점을 따뜻하게 달래고 위로하다.
  예) 형이 울고 있는 동생을 다독여 주었다.

- **일컫다**: 무언가를 가리켜 말하다.
  예) 사람들이 그를 일컬어 착한 부자라고 하였다.

- **곤두박질치다**: 몸이 뒤집혀 갑자기 거꾸로 내리박히다.
  예) 산길을 내려오다가 발을 헛디뎌 땅바닥에 곤두박질쳤다.

- **다그치다**: 일이나 행동을 빨리 끝내려고 몰아치다.
  예) 선생님은 아이들에게 빨리 그림을 완성하라고 다그치셨다.

- **가로젓다**: 거절하거나 의심스럽다는 뜻으로 고개나 손을 가로 방향으로 젓다.
  예) 내 부탁에 어머니는 대답 대신 고개를 가로저었다.

- **발끈하다**: 작은 일에 걸핏하면 왈칵 성을 내다.
  예) 친구들이 별명을 부르자 그 아이가 발끈해 소리를 질렀다.

- **움켜잡다**: 손으로 무엇을 힘 있게 꽉 잡다.
  예) 독수리는 잽싸게 먹잇감을 움켜잡고 날아갔다.

- **울먹이다**: 울상이 되어 자꾸 울음이 나올 것 같다.
  예) 꼬마가 부서진 장난감을 들고 울먹이고 있었다.

성질이나 상태를 나타내는 낱말

월요일 아침, 꽃누리초등학교 본관 현관 앞에 아이들이 모여 웅성거리고 있었다. 오늘이 '비밀 낱말 모으기' 과제를 시작한 지 보름째 되는 날이다. 이세종 교장 선생님은 약속대로 그동안 아이들이 활동해 온 결과를 발표했다.

♡낱말 왕 중간발표♡

꽃누리초등학교 낱말 왕 예비 후보들을 발표합니다. 두근두근! 현재 대부분의 학생들이 넷째 서랍까지 열어 보았어요. 다섯 번째 서랍을 열기 전에 지금까지 중간 결과를 발표합니다.

순위	이름	모은 낱말 개수
1	김지언	368
2	박승현	352
3	김예선	334
4	이예나	330
5	이훈민	326
6	김경준	325
7	최정음	321
8	백서정	312

훈민이도 웅성거리는 아이들 속에 있었다. 자신의 순위를 확인하고 다소 실망했지만 그래도 순위표에 이름이 나온 것만으로도 감사했다.

"훈민아, 축하해. 언제 그렇게 많이 모았니?"

언제 왔는지 정음이가 옆에 와서 있었다.

"정음이 너도 열심히 했네. 어디까지 공부했어?"

"난 동사 서랍까지 열었어! 넌?"

"아! 나도 그런데. 우리 둘다 형용사 서랍을 열 차례구나. 이번에도 많이 모아 보자!"

"좋아!"

훈민이와 정음이는 마주 보고 씩 웃었다.

형용사 서랍

착한 사람, 못된 사람, 시원한 물, 따뜻한 물, 동그란 돌, 모난 돌...... 사람이나 사물의 상태나 성질은 그때그때 다르지. 이번 서랍에서는 성질이나 상태를 나타내는 '형용사'에 대해 알아보자.

사람의 마음은 기쁘고, 슬프고, 즐겁기도 하지. 물건은 둥근 것도 있고, 넓적하거나 네모난 것도 있고. 사람이나 사물의 성질이나 상태는 매우 다양하고, 자주 변하느니라.

기쁘다 슬프다 무섭다   빨갛다 크다 파랗다

사람이나 사물의 움직임을 나타내며 명사에 생명을 불어넣어 주는 말을 동사라고 했지? 마찬가지로 사람이나 사물의 상태나 성질을 나타내어서 명사를 살아 숨 쉬게 해 주는 낱말을 '형용사'라고 하느니라.

위의 그림에서 무표정한 사람이 보이지? 그 옆에는 사과가 있고. '사람'과 '사과'라는 명사만으로는 어떤 상황인지 알 수 없단다. 이번에는 형용사 낱말을 붙여서 명사의 상태나 성질을 설명해 볼 테니 잘 보아라.

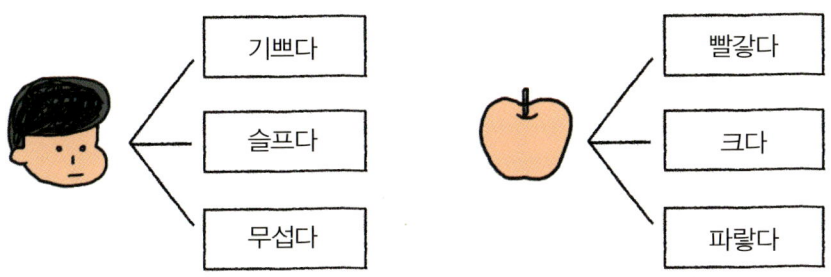

　이렇게 명사에 형용사를 연결하니 사람의 마음이나 사과의 모습이 머릿속에 정확하게 떠오르느냐? 여기에서 '기쁘다', '슬프다', '무섭다'는 사람의 마음 상태를 나타낸 말이로다. '빨갛다', '크다', '파랗다'는 사물의 상태나 성질을 나타낸 말이고. 그런데 형용사는 동사와 비슷한 점이 많아. 동사는 문장 안에서 낱말의 모양이 변한다고 한 거 기억하느냐? 형용사도 마찬가지로 문장 안에서 쓰일 때 그 위치에 따라서 모양이 변한단다.

기본형	활용형
검다 (검+다)	나는 머리카락이 검어. (검+어)
	올해는 검은 옷이 유행이야. (검+은)
	햇볕에 살이 검게 탔다. (검+게)

　형용사도 동사처럼 여러 가지 모양으로 활용하기 때문에 사전에서는 기본형으로 찾아야 하는 거 잊지 말거라!

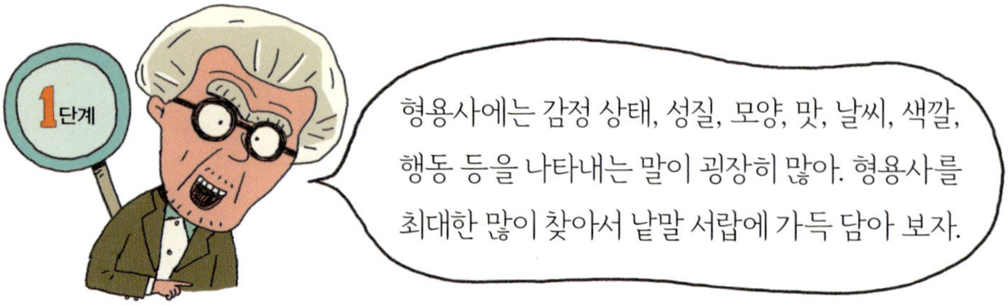

형용사에는 감정 상태, 성질, 모양, 맛, 날씨, 색깔, 행동 등을 나타내는 말이 굉장히 많아. 형용사를 최대한 많이 찾아서 낱말 서랍에 가득 담아 보자.

1. 여러 낱말 중에서 형용사를 찾아서 ○를 하고, 정확한 낱말 뜻을 생각해 보세요. (1단계 전체 정답 166쪽)

- 거칠다
- 발그레하다
- 달콤하다
- 두껍다
- 말하다
- 조용하다
- 달리다
- 날쌔다
- 부글부글
- 흐뭇하다
- 쌀쌀하다
- 울타리

2. 앞에서 찾은 형용사를 활용하여 문장을 바르게 완성해 보세요.

나무껍질을 만져 보니 _____.

가을이 되니 아침저녁으로 날씨가 많이 _____.

초콜릿을 입에 넣으니 _____ 맛이 느껴졌다.

길고양이에게 가까이 다가가자 _____ 도망갔다.

할머니께서 우리가 노는 모습을 _____ 바라보셨다.

 [사람의 감정을 표현하는 형용사]

1. 사다리를 따라 내려가서 도착한 곳에 들어갈 낱말을 〈보기〉에서 찾아 써 보세요. (2단계 전체 정답 166쪽)

보기 솔깃하다, 시뜻하다, 의아하다, 멋쩍다

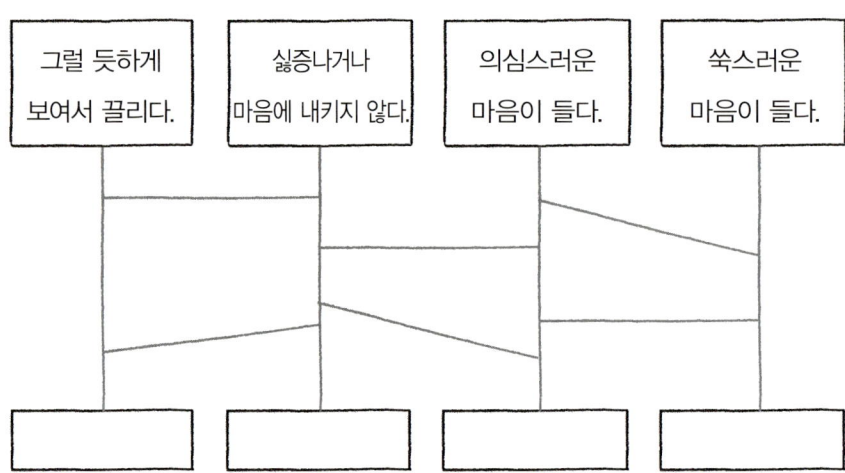

2. 사람의 감정과 관련된 형용사를 더 찾아서 낱말의 뜻을 생각하고 써 보세요.

즐겁다, 궁금하다,

[사물의 상태나 성질을 표현하는 형용사]

3. 아래 선이 맞게 연결되도록 〈보기〉에서 낱말을 골라 빈칸에 써 보세요.

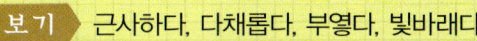

보기 근사하다, 다채롭다, 부옇다, 빛바래다

4. 사물의 상태나 성질과 관련된 형용사를 더 찾아서 낱말의 뜻을 생각하고 써 보세요.

곧다, 부드럽다,

[날씨나 온도를 표현하는 형용사]

5. 아래에서 설명하는 낱말이 무엇인지 <보기>에서 글자를 찾아 낱말을 완성해 보세요.

		하	다	덥지 않을 정도로 온도가 알맞다.
		하	다	물체의 온도나 기온이 꽤 찬 느낌이 있다.
		하	다	날씨가 흐리고 으스스하다.
			다	촉감이 서늘하고 꽤 찬 느낌이 있다.
		하	다	더운 기운이 조금 있는 것 같다.

6. 날씨나 온도를 표현하는 형용사를 더 찾아서 낱말의 뜻을 생각하고 써 보세요.

　흐리다, 푹하다,

[행동이나 동작의 상태를 표현하는 형용사]

7. 행동이나 동작의 상태와 관련된 낱말 중에서 뜻이 서로 반대되거나 비슷한 낱말을 〈보기〉에서 찾아 써 보세요.

> **보기** 능숙하다, 천박하다, 옹졸하다, 거대하다, 조급하다, 어리석다, 날쌔다, 잽싸다, 더디다, 둔하다

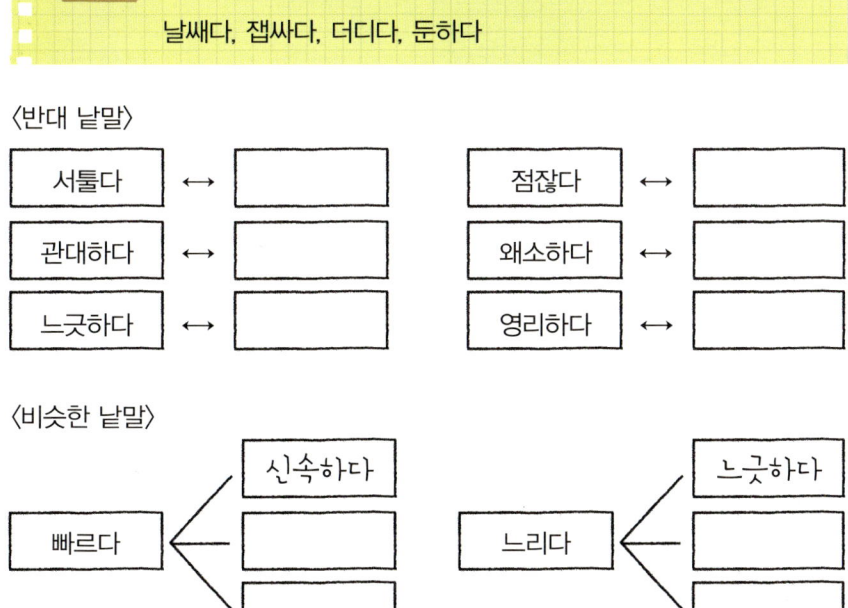

8. 행동이나 동작의 상태를 표현하는 형용사를 더 찾아서 낱말의 뜻을 생각하고 써 보세요.

조급하다, 다정하다,

형용사와 동사는 서로 구분하기 어려운 경우도 있어! 그 둘을 억지로 구분하는 것보다 새로운 낱말을 많이 알아가는 것이 더 중요하지. 작가들이 글 속에서 형용사를 어떻게 썼는지 살펴보자.

1. 다음 글에서 표시된 낱말을 대신할 수 있는 낱말을 생각해 보세요.

강지와 은수는 아무도 없는 운동장에서 **세찬** 빗줄기를 맞으며 한참 동안 서 있었다. 흙탕물을 튀기고 진흙을 집어던지며 미친 듯이 웃기도 하고 소리도 질렀다. 둘이 내지르는 소리는 **거센** 빗소리에 묻혀 아무도 듣지 못했다. 두 아이는 눈물을 흘리며 우는 것 같기도 했고, **후련하게** 웃는 것 같기도 했다.
"**시원하다!**"
강지와 은수는 다시 비를 피해 벤치로 돌아왔다. 흙탕물이 튀어 옷이 온통 더러워진 은수가 강지의 손을 덥석 잡았다.
"강지야, 화가 나서 진흙을 던져 봤는데 다른 사람이 맞기도 전에 내가 먼저 더러워졌네. 이것 봐! 내 손하고 옷이 더 **더럽잖아**. 강지야, 이제 우리 욕하지 말자. 다른 사람 욕하려다가 내가 먼저 때가 묻을 거야."
은수의 말을 듣고 강지가 빗속을 향해 외쳤다.
"좋아! 난 이제 욕 같은 건 필요 없어. 나도 친구가 있거든! 여기 봐, 이렇게 **재미있는** 친구가 있다!"
강지의 **또랑또랑한** 목소리가 **넓은** 운동장에 퍼져 나갔다.

– 《말로 때리면 안 돼》 43~45쪽 중에서

2. <보기>의 낱말을 활용하여 알맞게 바꾸어 써 보세요. (정답 167쪽)

> 보기 너르다, 똑똑하다, 유쾌하다, 지저분하다, 드세다, 후련하다, 개운하다

낱말	바꾸어 쓸 수 있는 낱말	낱말	바꾸어 쓸 수 있는 낱말
세찬	맹렬한	더럽잖아	
거센		재미있는	
후련하게		또랑또랑한	
시원하다		넓은	

형용사는 문장 안에서 여러 가지 모양으로 활용하는 거 알죠?

3. 위 글에서 나온 형용사 중에서 몇 개를 골라 짧은 문장을 만들어 보세요.

낱말	문장
후련하다	예) 지긋지긋하던 시험이 끝나서 속이 다 후련하다.

형용사 낱말을 많이 모았니?
낱말 서랍이 가득 차도록 조금 더 노력하자.

1. <보기>의 명사를 어떤 형용사로 표현했는지 생각하며 시를 읽어 보세요.

> 보기 하늘, 사과, 강물

나도 너처럼

하늘아, 넌 참 푸르구나
나도 너처럼 푸른 마음을 가지면 좋겠어.
힘든 일이 있어도 늘 환하게 웃을 거야.

사과야, 넌 참 향기롭구나
나도 너처럼 향긋한 생각을 하면 좋겠어.
화가 나도 친구들에게 향기로운 생각을 전해 줄 거야.

강물아, 넌 참 깨끗하구나
나도 너처럼 맑고 깨끗하면 좋겠어.
맑은 물처럼 내 마음도 맑게 흐르고 싶어.

2. 〈보기〉의 명사에 어울리는 다른 형용사를 찾아서 멋진 시를 써 보세요.

하늘은 높고, 푸르고, 넓고, 잔잔하고….
사과는 상큼하고, 빨갛고, 탐스럽고….
강물은 넓고, 잔잔하고.

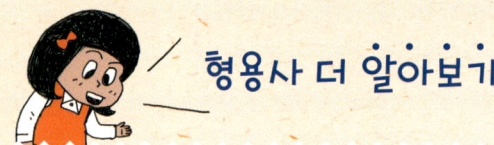 형용사 더 알아보기

- **유별나다**: 보통의 것과는 아주 다르다.
  예) 내 동생은 유별나게 겁이 많다.

- **탐스럽다**: 마음이 몹시 끌리도록 보기에 좋다.
  예) 사과 나무에 열린 사과가 무척 탐스럽게 익었다.

- **고상하다**: 행동이나 몸가짐이 훌륭하다.
  예) 아주머니는 말씨가 매우 고상했다.

- **정겹다**: 정이 넘칠 정도로 매우 다정하다.
  예) 친구들끼리 모여 정겹게 이야기를 나누었다.

- **후텁지근하다**: 조금 불쾌할 정도로 끈끈하고 무더운 기운이 있다.
  예) 여름에는 밤에도 후텁지근해서 잠을 이루기 힘들다.

- **후줄근하다**: 옷이나 종이가 보기에 흉하게 늘어져 있다.
  예) 그는 후줄근하게 낡은 옷을 입었지만 자세가 반듯했다.

- **곰살궂다**: 다른 사람을 대하는 태도가 부드럽고 친절하다.
  예) 누나는 나를 보면 항상 곰살궂게 대해 준다.

- **아늑하다**: 어떤 공간이 조용하고 편안한 느낌이 있다.
  예) 새로 이사할 집을 매우 아늑하게 꾸몄다.

- **인색하다**: 재물을 지나치게 아끼다.
  예) 놀부는 온 동네 사람들에게 인색하게 굴었다.

- **어슴푸레하다**: 뚜렷하지 않고 희미하다.
  예) 어슴푸레한 불빛에 오랫동안 책을 보았더니 눈이 아프다.

- **어른거리다**: 머릿속에 자꾸 떠오르다.
  예) 돌아가신 할아버지 얼굴이 자꾸만 어른거렸다.

- **까마득하다**: 시간이 매우 오래되거나, 거리가 매우 멀어 희미하게 느껴지다.
  예) 까마득하게 오래된 일이라 잘 기억나지 않는다.

- **얼얼하다**: 맵거나 독하여 아리고 쏘는 느낌이 있다.
  예) 매운 음식을 먹었더니 혀가 얼얼하다.

- **어정쩡하다**: 분명하지 않고 어중간하다.
  예) 네가 어정쩡하게 대답해서 좋다는 건지 싫다는 건지 모르겠어.

- **시큰둥하다**: 불만이 있거나 못마땅하여 마음에 들지 않다.
  예) 언니는 배가 불러서 맛있는 음식을 보고도 시큰둥하게 쳐다만 봤다.

- **깔축없다**: 부족하거나 남는 것 없이 딱 들어맞다.
  예) 음식 재료 준비를 깔축없이 잘했다.

- **소박하다**: 꾸밈이나 거짓이 없이 수수하다.
  예) 내 친구는 옷차림이 소박하고 차분하게 행동한다.

- **야속하다**: 마음에 들지 않아 불쾌하고 섭섭하다.
  예) 어머니가 내 마음을 이해해 주지 않아서 야속한 마음이 들었다.

- **측은하다**: 가엾고 불쌍하다.
  예) 새어머니께 구박을 받는 콩쥐를 보니 측은한 마음이 든다.

- **고즈넉하다**: 한가하고 조용한 느낌이 들다.
  예) 고즈넉한 산속에서 산새 소리가 맑게 들렸다.

체언을 도와주는 낱말

"큰일이다, 큰일이야! 이를 어쩌면 좋단 말이냐?"

이세종 교장 선생님은 벌써 두 시간째 학교 운동장을 서성이고 있었다.

"아니, 낱말 왕 중간발표를 하면 아이들이 더 많이 낱말 공부에 빠져들 줄 알았는데 도무지 이유를 모르겠어."

낱말 왕 중간발표를 한 지 일주일이 지났다. 처음 하루 이틀은 아이들이 웅성웅성 떠들며 중간 결과에 대해서 관심을 많이 보였기 때문에 교장 선생님은 아이들이 낱말 모으기 놀이에 더 빠져들 줄 알았다. 하지만 결과는 정반대였다. 중간발표 당일에는 '비밀 낱말 모으기' 접속자가 반짝 늘어났는데, 그 다음부터는 들어오는 아이도 줄고, 서랍 속에 모이는 낱말 수도 뚝 떨어졌다.

아이들이 낱말을 더 재미있게 공부하기를 바라는 마음에서 한 일이 오히려 안 하느니만 못하게 되어 버렸다. 그래서 교장 선생님은 큰 고민에 빠졌다.

"교장 선생님, 안녕하세요?"

그때 정음이가 지나가며 인사를 했다. 교장 선생님은 반가운 마음에 정음이에게 말을 걸었다

"오, 그래! 정음이구나. 너는 낱말 서랍을 많이 채웠니?"

"네, 아니오. 그러니까 그게……."

"왜? 잘 안 되니? 지난주에는 낱말 공부가 너무 재미있다고 했잖니?"

"그런데, 그게……. 조금 문제가 생겼어요."

정음이가 망설이며 대답했다.

"문제라니? 정음아, 아이들이 왜 낱말 공부가 싫어졌는지 알고 있니?"

"아이들이 열심히 해도 순위에 못 오른다고 싫대요."

"뭐라고?"

"벌써 일등 아이랑 차이가 많이 나니까 열심히 해 봤자 소용없다고 생각하는 애들이 많아요."

"너도 그러니?"

"솔직히 저도 낱말 모으기가 조금씩 싫증이 나요. 이제 갈게요. 안

녕히 계세요."

"그, 그래……."

교장 선생님은 정음이를 붙잡고 더 물어보고 싶었지만 그러지 못했다. 정음이의 말을 듣고 잠시 어질한 느낌이 들 정도로 충격을 받았다.

'아니, 아이들이 그런 생각을 하고 있었구나.'

교장 선생님은 곧바로 교장실로 들어갔다.

"아! 내가 잘못했구나. 생각이 짧았어. 아이들에게 몹쓸 짓을 했어. 내가 너무 경쟁을 부추겼어. 낱말 왕이 되어서 일등 하는 것이 목표가 아닌데. 아이들에게 부담만 줘서 낱말 공부에 흥미가 떨어져 버렸어."

교장 선생님은 계속해서 안절부절못하다가 자리에 앉아서 종이에 무언가를 급히 적기 시작했다.

'아이들에게 용서를 구해야겠어.'

다음 날 아침, 꽃누리초등학교 각 교실에 아침 방송을 알리는 소리가 울렸다.

"꽃누리초등학교 학생 여러분, 지금부터 아침 방송을 시작하겠습니다. 모두 텔레비전을 켜 주시기 바랍니다."

텔레비전을 켜자 화면에 교장 선생님이 나타났다. 교장 선생님은 약간 상기된 얼굴로 하얀 종이를 꺼내 들었다.

"사랑하는 꽃누리초등학교 친구들! 오늘은 교장 선생님이 여러분에게 사과를 하려고 합니다."

아이들은 교장 선생님이 자신들에게 무슨 사과를 하려는지 의아해했다.

"교장 선생님이 우리에게 뭘 잘못하셨어?"

"몰라. 먼저 들어 보자."

아이들은 방송에 집중했다.

"그동안 '비밀 낱말 모으기' 과제를 아주 열심히 잘 해 주어서 고마워요. 교장 선생님은 여러분이 즐겁게 낱말 놀이에 빠져 있는 모습을 보고 매우 행복했답니다. 하지만 매일 '낱말 왕, 낱말 왕'이란 말을 하면서 너무 일등만 강조하고 여러분을 경쟁의 늪 속으로 빠뜨린 것 같습니다. 이제부터 나는 절대로 '낱말 왕', '일등'이란 말을 꺼내지 않을 거예요. 여러분의 낱말 서랍에 낱말이 몇 개나 들어 있는지는 사실 중요하지 않아요. 낱말 서랍에 낱말이 가득 차 있어도 여러분이 행복하지 않다면 아무 소용이 없습니다."

교장 선생님은 잠시 말을 멈추더니 하얀 종이에 쓴 글자를 보여 주었다.

> 知之者는 不如好之者요, 好之者는 不如樂之者라.

"지지자는 불여호지자요, 호자자는 불여악지자라. 아는 것은 좋아하는 것만 못하고, 좋아하는 것은 즐기는 것만 못하다는 뜻이에요. 공부를 하는 데에 가장 좋은 방법은 그것을 즐기는 것입니다. 여러분이 낱말을 많이 아는 것도 좋겠지만, 교장 선생님은 여러분이 진심으로 즐겁게 낱말 공부를 하면 좋겠어요. 이제부터는 남보다 잘하려는 욕심을 부리지 말고, 자신이 즐거워서 하는 낱말 놀이를 시작해 보세요. 어떤 일에 빠져서 즐겁다면 그것이 정말 행복한 삶이랍니다. 우리 꽃누리초등학교 학생들은 모두 즐거운 사람이 되길 바랍니다."

정음이는 어제 만났던 교장 선생님의 얼굴이 떠올랐다. 낱말 공부에 싫증이 났다고 말했던 것이 죄송했다.

"얘들아, 우리 다시 재미있게 낱말 공부를 해 보자."

"그래. 그까짓 일등 안 하면 어때? 내가 재미있으면 그만이지."

"좋아. 나도 오늘부터 즐거운 사람이 될래."

그동안 정음이는 일주일 정도 낱말 서랍에 낱말을 넣지 않았다. 그런데 새롭게 결심하고 나니까 다시 책 속의 낱말들이 눈에 들어왔다.

반갑습니다. 최정음 학생은 이번이 열네 번째 접속입니다.
지금까지 모은 낱말은 〈첫째 서랍, 명사〉 152개,
〈둘째 서랍, 대명사〉 26개, 〈셋째 서랍, 수사〉 62개,
〈넷째 서랍, 동사〉 63개, 〈다섯째 서랍, 형용사〉 51개입니다.
공부해 보고 싶거나 새로운 낱말을 넣고 싶은 서랍을 선택하여 주십시오.

정음이는 두근거리는 마음으로 여섯 번째 서랍을 선택했다.

관형사 서랍

지금쯤 낱말 놀이에 질릴 때도 되지 않았느냐? 과인이 뭇 백성들이 제 생각을 잘 쓸 수 있도록 응원해 주겠노라. 이번에는 관형사 서랍이니 졸지 말고 잘 듣거라.

앞에서 명사, 대명사, 수사를 배웠느냐? 이 세 가지를 통틀어서 '체언'이라고 한단다. 體(몸 '체')와 言(말씀 '언')을 붙여 쓴 낱말로 문장에서 몸통이 되는 낱말이라는 뜻이지. 관형사는 이 체언과 관련이 있는 낱말이니라.

'두껍아, 두껍아! 헌 집 줄게, 새 집 다오.'

다들 이 문장을 들어봤느냐? 여기에서 관형사를 찾아보자꾸나.

 두껍아, 내가 너한테 헌 집 줄게.

 그러면 나에게 새 집을 다오.

여기서 '헌'은 바로 뒤에 나오는 명사 '집'의 뜻을 더욱 분명하게 꾸며 주는 말이란다. 만약에 '두껍아, 내가 너한테 집 줄게.'라고 했다면 그 집이 어떤 집인지 느낌이 잘 살지 않지? 그러나 '집' 앞에 '헌' 또는 '새'가 붙으면 그 낱말의 느낌이 분명해지느니라.

이렇게 '헌', '새'처럼 체언 앞에서 그 낱말의 뜻을 분명하게 꾸며 주는 말을 '관형사'라고 한단다. 관형사는 어떤 체언을 꾸며 주느냐에 따라서 몇 가지 종류가 있느니라.

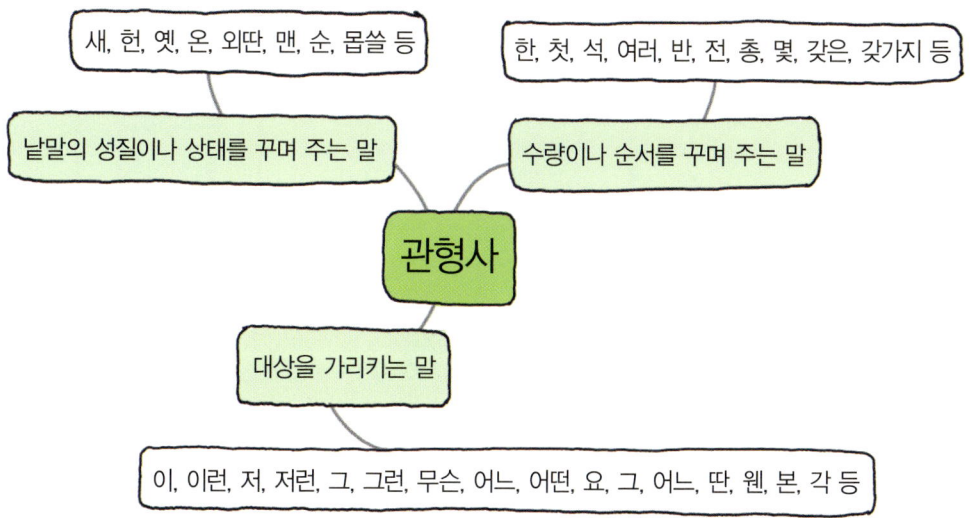

'새 옷', '헌 신발', '오른 다리', '옛 이야기', '몹쓸 사람' 등처럼 낱말의 성질이나 상태를 분명하게 꾸며 주는 관형사가 있고 '이 사과', '이런 책', '저 분', '어느 반', '아무 장난감', '딴 사람' 등처럼 뒤의 낱말을 가리키는 관형사도 있지. 또 '한 개', '첫 차', '총 인원', '몇 개' 등처럼 대상의 수량이나 순서를 나타내는 관형사도 있느니라. 관형사는 다른 체언에 비해서 우리말에서 차지하는 수량은 적지만, 체언의 뜻을 더 자세히 설명해 주는 역할을 하기 때문에 꼭 필요한 낱말이란다.

 [사물의 성질이나 상태를 꾸며 주는 관형사]

1. 빈칸에 들어갈 알맞은 관형사를 찾아 선으로 이어 보세요. (1단계 전체 정답 167쪽)

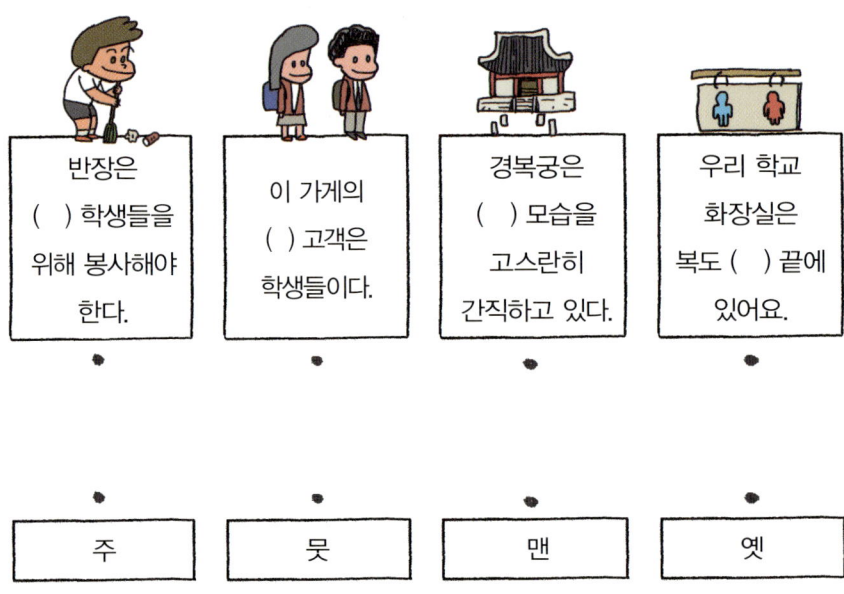

2. 위의 관형사를 사용해서 짧은 문장을 만들어 보세요.

낱말	문장
주	
뭇	
맨	
옛	

[대상을 가리키며 꾸며 주는 관형사]

3. 빈칸에 들어갈 알맞은 관형사를 찾아 선으로 이어 보세요.

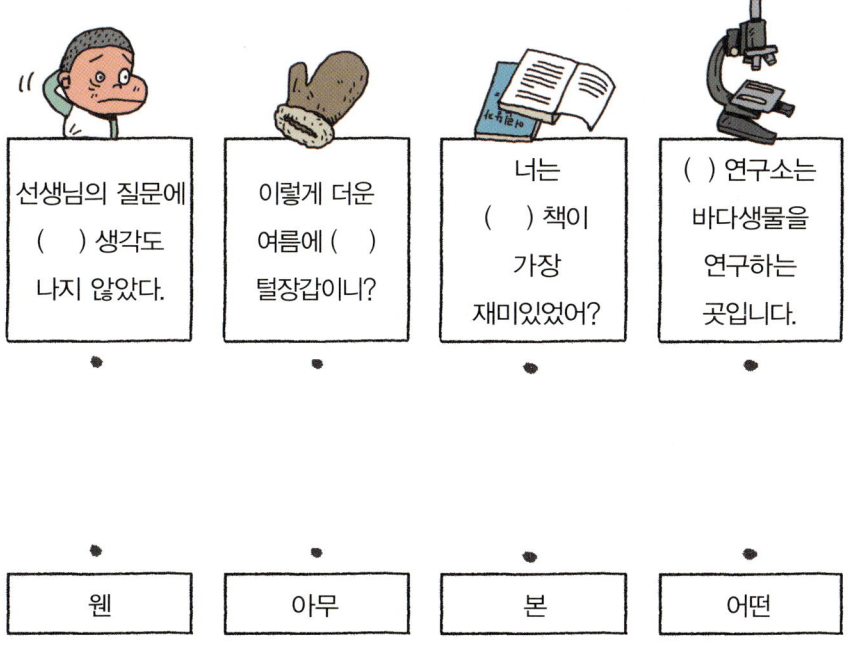

4. 위의 관형사를 사용해서 짧은 문장을 만들어 보세요.

낱말	문장
웬	
아무	
본	
어떤	

[수량이나 순서를 나타내는 관형사]

5. 빈칸에 들어갈 알맞은 관형사를 찾아 선으로 이어 보세요.

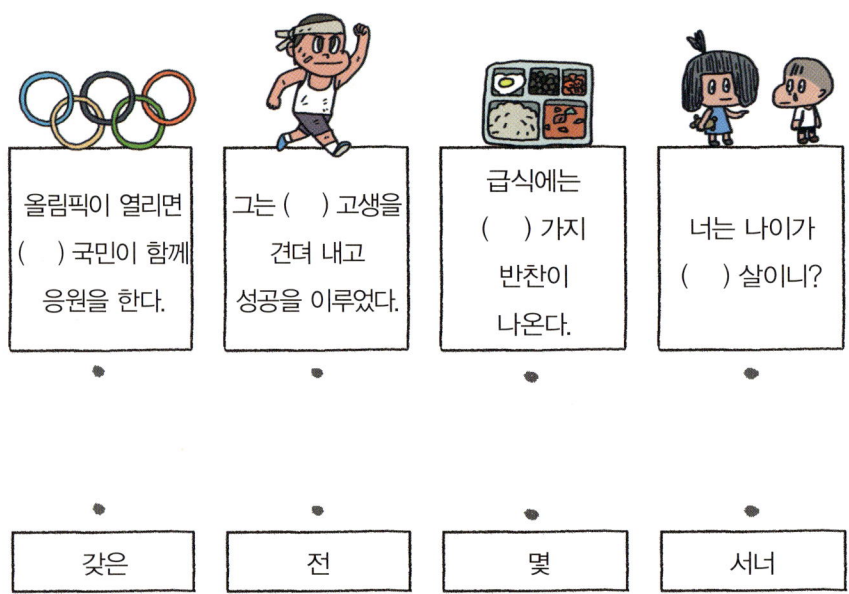

6. 위의 관형사를 사용해서 짧은 문장을 만들어 보세요.

낱말	문장
갖은	
전	
몇	
서너	

1. 관형사처럼 꾸며 주는 말 중에는 띄어쓰기에 따라 뜻이 달라지는 낱말이 있어요. 알맞은 낱말을 찾아 연결해 보세요. (정답 167쪽)

| 어디 나도 (　) 먹어 보자. | • | • | 한번 |
| (　)만 더 하고 그만할게. | • | • | 한 번 |

| 너는 정말 (　)에 사는구나. | • | • | 큰집 |
| 명절에는 (　)에 친척들이 모인다. | • | • | 큰 집 |

| 할아버지는 (　)의 어른이시다. | • | • | 집안 |
| 우리 (　)에 들어가서 놀자. | • | • | 집 안 |

'한번'은 어떤 일을 시험 삼아 시도해 본다는 뜻이고, '한 번'은 그 일을 하는 횟수로 딱 한 번을 의미해. '큰집'은 집안 어른이나 맏이가 사는 집을 뜻하고, '큰 집'은 크기가 큰 집을 말하지. '집안'은 가족을 이루는 공동체를, '집 안'은 집의 안쪽(실내)을 뜻해.

관형사는 낱말이 많지 않기 때문에 쉬운 것 같지? 하지만 문장 속에서 관형사가 하는 일은 조금 복잡해. 관형사가 어떻게 쓰이는지 작품을 통해 살펴보자.

1. 표시된 관형사가 꾸며 주는 말이 무엇인지 생각하며 이야기를 읽어 보세요.

장 선생이 숲속 잔치를 열다

먼 옛날, 중국 명나라에 옥포산이라 불리는 아름다운 산이 있었다. 옥포산은 하늘에 닿을 듯 높은 봉우리가 병풍처럼 겹겹이 둘러싸고 있어 경관이 아름다웠다. 하지만 뾰족한 바위와 낭떠러지가 많고 산세가 험하여 사람들의 발길이 뜸했다. 그래서 보기 드문 진기한 꽃과 동물들이 많아 신비로운 분위기를 자아냈다.

옥포산에는 한 동물 가족이 살고 있었는데, 몸 색깔이 뽀얗고 주둥이는 표족하며 두 귀는 불룩 솟았고 허리는 길고 굽어 있었다. 게다가 가늘고 긴 다리로 잘 뛰어다녔다. 사람들은 그 동물을 노루라고 불렀다. 노루는 부자인 데다가 타고난 복이 많아 다른 동물들의 부러움을 받았고, '장 선생'이라고 불렸다.

따뜻한 어느 봄날, 장 선생은 숭록대부라는 벼슬을 얻어 산속의 모든 동물을 초대해서 잔치를 열기로 했다.

"우리 가족이 이 숲속에서 생활한 지도 꽤 되었구나. 그동안 맹수들에게 잡히지 않고 다들 건강하게 지냈으니 참으로 기쁜

일이 아니냐? 이번에 벼슬도 얻었으니 이웃을 불러 큰 잔치를 열어야겠다."

장 선생의 말에 가족들도 찬성했다.

"그런데 아버님, 산속에 있는 동물을 모두 초대하려면 호랑이도 불러야 하는데 어떻게 하는 게 좋을까요? 호랑이만 안 부르면 나중에 문제가 생기지 않을까요?"

장 선생의 큰아들이 걱정스러운 목소리로 물었다. 장 선생은 한참동안 생각에 잠겼다.

"그래, 호랑이가 있었는데 그 생각을 못 했구나."

"호랑이만 초대하지 않았다가 나중에 화를 입을까 걱정입니다."

장 선생은 오래 고민하더니 마침내 결심한 듯 아들에게 일렀다.

"호랑이는 자신의 힘만 믿고 사는 놈이다. 몇 년 전에는 네 형을 해칠 뻔하지 않았느냐? 우리와 사이도 안 좋거니와 만약에 호랑이가 잔치에 오면 손님들이 불안해하지 않겠느냐? 손님을 해칠지도 모르고. 그러니 부르지 않는 게 좋을 것 같구나."

– 〈한국고전문학읽기〉 시리즈 《두껍전》 72~76쪽 중에서

2. 위 글에서 나온 일부 관형사를 사용하여 짧은 문장을 만들어 보세요.

낱말	문장
한	예) 옛날 한 마을에 착한 아들이 살았어.
두	
다른	
어느	
모든	
몇	

1. 앞에서 읽은 《두껍전》의 일부를 다시 읽고, 이어질 내용을 상상하여 써 보세요.

1) 어떤 등장인물이 나오게 이야기를 쓸 건가요?

---

2) 언제, 어디에서 일어난 일로 이야기를 쓸 건가요?

---

3) 어떤 사건이 일어날까요?

---

4) 이어질 내용의 순서를 간단히 정리해 보세요.

---

2. 이번 서랍에서 배운 관형사를 많이 넣어서 이어질 내용을 자유롭게 써 보세요.

용언을 도와주는 낱말

"이상하다. 왜 줄어들었을까?"

훈민이는 '비밀 낱말 모으기'에 접속했다. 그런데 모아 둔 낱말이 백 개 가까이나 줄어들어 있었다.

"뭐지? 간만에 낱말 공부 좀 해 볼까 했는데……."

훈민이는 컴퓨터 화면을 보며 인상을 찌푸렸다.

"젠장, 뭐가 이래?"

정말 열심히 했던 낱말 공부가 뜻대로 되지 않아서 화가 났다. 그때였다.

"네 이놈! 어디에서 더러운 말을 내뱉느냐?"

컴퓨터 화면에서 갑자기 한 사람이 튀어나와 호통을 쳤다. 하도 놀라서 훈민이는 의자 뒤로 나자빠질 뻔했다.

"누, 누구세요?"

"진정 과인을 모른단 말이냐?"

"혹시…… 세종 대왕님?"

"그렇다, 이놈아. 이제야 날 알아보겠느냐?"

화면에서 튀어나온 사람은 다름 아닌 세종 대왕이었다. 그런데 친절하게 웃으며 낱말 공부를 가르쳐 주던 할아버지는 사라지고 갑자기 무시무시한 얼굴로 호통을 쳐댔다.

"할아버지, 아니, 세종 대왕님, 아니, 전하! 그런데 왜 저를 혼내시는 겁니까?"

"네가 그 이유를 정녕 모른단 말이냐?"

훈민이는 영문을 몰라 납작 엎드려 눈치만 살폈다.

"너 지난주에 친구에게 욕을 했지?"

"네? 그, 그건……."

"또 며칠 전에는 휴대전화 문자로 알아보지도 못할 이상한 말을 써서 보내지 않았느냐?"

"그것을 어떻게 아셨습니까?"

"그것뿐이냐? 오늘은 걱정거리가 있는 친구에게 도리어 심한 말을 해서 그 친구를 더 슬프게 만들었지 않느냐!"

훈민이는 더 이상 변명할 수 없었다. 세종 대왕의 호통은 끊이지 않았다.

"넌 여태껏 헛공부한 거야!"

"헛공부라니요? 전 정말 열심히 낱말 공부를 했습니다."

"쯧쯧. 그러면 무엇해? 아는 것과 행동하는 것이 다르면 말짱 물거품인 것을."

"제가 잘못했습니다. 다시는 그러지 않겠습니다."

"배워서 알았으면 그대로 삶 속에 실천하여라. 바른 것을 알고서도 행하지 않으면 모르는 것만 못하느니라."

"죄송합니다. 앞으로는 배운 대로 바르게 말을 사용하겠습니다."

그 순간 '펑' 하고 세종 대왕은 사라졌다. 동시에 훈민이도 잠에서 깨어났다. 눈앞에는 컴퓨터 화면이 켜진 채로 있었다. 화면 속에는 '비밀 낱말 모으기' 프로그램이 실행되어 있었다.

"후유, 다행이다. 모아 둔 낱말이 그대로 있어."

훈민이는 고개를 절래절래 흔들며 정신을 차렸다. 그리고 컴퓨터 화면을 바라보았다.

"내일 학교에 가서 친구들에게 미안하다고 말해야겠어. 그리고 배운 대로 실천해야지."

훈민이는 다시 정신을 가다듬고 낱말 공부를 시작했다.

반갑습니다. 이훈민 학생은 이번이 스물두 번째 접속입니다.
지금까지 모은 낱말은 〈첫째 서랍, 명사〉 183개,
〈둘째 서랍, 대명사〉 39개, 〈셋째 서랍, 수사〉 82개,
〈넷째 서랍, 동사〉 108개, 〈다섯째 서랍, 형용사〉 72개,
〈여섯째 서랍, 관형사〉 26개입니다.
공부해 보고 싶거나 새로운 낱말을 넣고 싶은 서랍을 선택하여 주십시오.

훈민이는 일곱 번째 서랍을 클릭했다.

부사 서랍

아하! 어느덧 일곱 번째까지 왔구나.
이제 낱말 공부도 후반으로 접어들었다.
가만 있자, 이번에는 부사를 배울 차례구나.
부사는 참 재미있는 말이란다.

바로 앞 여섯 번째 서랍에서 '관형사'를 배웠느냐? 관형사는 체언(명사, 대명사, 수사)를 꾸며 주는 말이라고 했단다. 그렇다면 동사와 형용사를 꾸며 주는 말은 없을까? 물론 있지.

동사와 형용사는 문장 속에서 다양한 형태로 활용한다는 사실은 이미 알고 있지? 동사와 형용사를 '용언'이라고 한다. 동사와 형용사, 즉 용언을 실감 나게 꾸며 주는 말을 '부사'라고 하느니라.

다음 문장을 잘 살펴보렴.

 꽃이 활짝 폈다.

 할머니가 가끔 생각나.

 아기가 아장아장 걸어간다.

 나는 책을 읽는다. <u>그리고</u> 동생은 그림을 그린다.

  첫 번째 문장에서 '활짝'은 '폈다'의 성질이나 상태를 좀 더 분명하게 꾸며 주는 역할을 하지? '꽃이 폈다.' 보다 '꽃이 활짝 폈다.'라는 문장이 더 실감 나는 느낌을 줄 것이다.

  두 번째 문장의 '가끔'은 뒤에 오는 용언의 시간을 분명하게 설명하는 역할을 한단다.

  세 번째 문장에서 '아장아장'은 아기가 걸어가는 모습을 흉내 내면서 '걸어간다'라는 동사를 꾸며 주고 있지.

  마지막으로 두 문장을 연결해 주는 '그리고'와 같은 낱말도 문장 전체를 꾸며 주는 역할을 하느니라.

  이처럼 동사나 형용사의 뜻을 분명하게 꾸며 주는 말을 '부사'라고 한단다. 부사에는 '시냇물이 졸졸 흐른다.', '종소리가 땡땡 울린다.', '네가 가끔 생각나.', '매우 좋아.', '쏜살같이 달렸다.' 등 종류가 매우 많느니라.

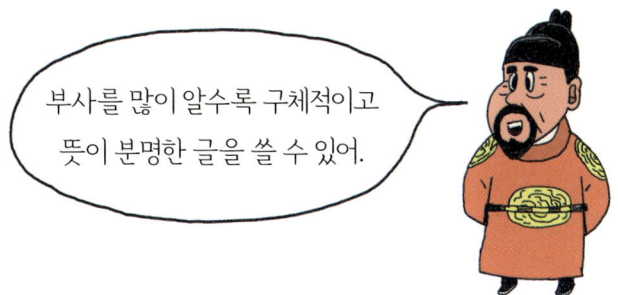

[성질이나 상태를 꾸며 주는 부사]

1. 밤하늘에 반짝반짝 빛나는 '낱말 별'이 떴어요. 빈칸에 들어갈 부사를 찾아 써 보세요. (1단계 전체 정답 167쪽)

1) 이건 무슨 꽃이니? _____ 예쁘구나!

2) 네가 하도 급하다고 해서 _____ 달려왔어.

3) 일등을 하는 것보다는 _____ 노력하는 과정이 중요해.

4) 날씨가 _____ 추워서 난로 없이는 견디기 힘들어.

2. 남은 '낱말 별'을 사용해서 짧은 문장을 만들어 보세요.

[시간이나 장소를 분명하게 꾸며 주는 부사]

3. 꿀벌들이 부지런히 '낱말 꿀'을 나르고 있어요. 빈칸에 들어갈 부사를 찾아 써 보세요.

1) _____ 먹을게. 거기 둬.
2) 잘 안 보여. _____ 가까이 와 봐.
3) 선생님은 열심히 하는 친구들에게 _____ 선물을 주셨다.
4) 소문은 사람들의 입에서 입으로 _____ 온 동네에 퍼졌다.

4. 남은 '낱말 꿀'을 사용해서 짧은 문장을 만들어 보세요.

[모양이나 소리를 흉내 내는 부사]

5. 사람들이 놀이공원에서 즐거운 시간을 보내고 있어요. 그림과 어울리는 흉내 내는 말을 생각해 써 보세요.

1) ☐ㅇ☐ㄹ☐ㄷ☐ㄹ☐ 풍선이 ☐ㄷ☐ㄷ☐ㅅ☐ 하늘 높이 떠 있어요.

2) ☐ㅂ☐ㄱ☐ㅂ☐ㄱ☐ 회전목마가 돌아가요.

3) 토끼가 귀를 ☐ㅉ☐ㄱ☐ 세워요.

4) 사람들이 웃으며 사진을 ☐ㅊ☐ㅋ☐ 찍어요.

5) ㅈ ㅈ ㅂ ㅂ

나무 위의 새들이 지저귀어요.

6) 아기가 ㅇ ㅈ ㅇ ㅈ 걸어가요.

7) 친구들끼리 재미있다고 ㄲ ㄹ ㄹ 웃어요.

8) 목마른 아이들이 음료수를 ㅎ ㅉ ㅎ ㅉ 마셔요.

9) 꼬마들이 어릿광대 아저씨를 ㅉ ㄹ ㅉ ㄹ 따라가요.

10) 놀이기구를 탄 아이들이 신나서 소리를 ㄲ 질러요.

[문장 전체를 꾸며 주는 부사]

6. 문장의 의미를 분명하게 해 주는 부사 낱말을 찾아 ○를 해 보세요.

(과연, 모름지기, 제발)
듣던 대로 재주가
훌륭한 아이로구나!

(오로지, 적당히, 아마)
지금쯤이면 집에
도착했을 거야.

(다행히, 설마, 참) 선생님이
우리를 속였을 리는 없겠지?

(흔쾌히, 비로소, 모름지기)
기도는 정성을 다해야 한다.

7. 위에서 ○를 하지 않은 낱말을 사용해 짧은 문장을 만들어 보세요.

[문장과 문장을 이어 주는 부사]

8. 왼쪽과 오른쪽의 문장을 바르게 이어 주는 부사를 찾아 선으로 이어 보세요.

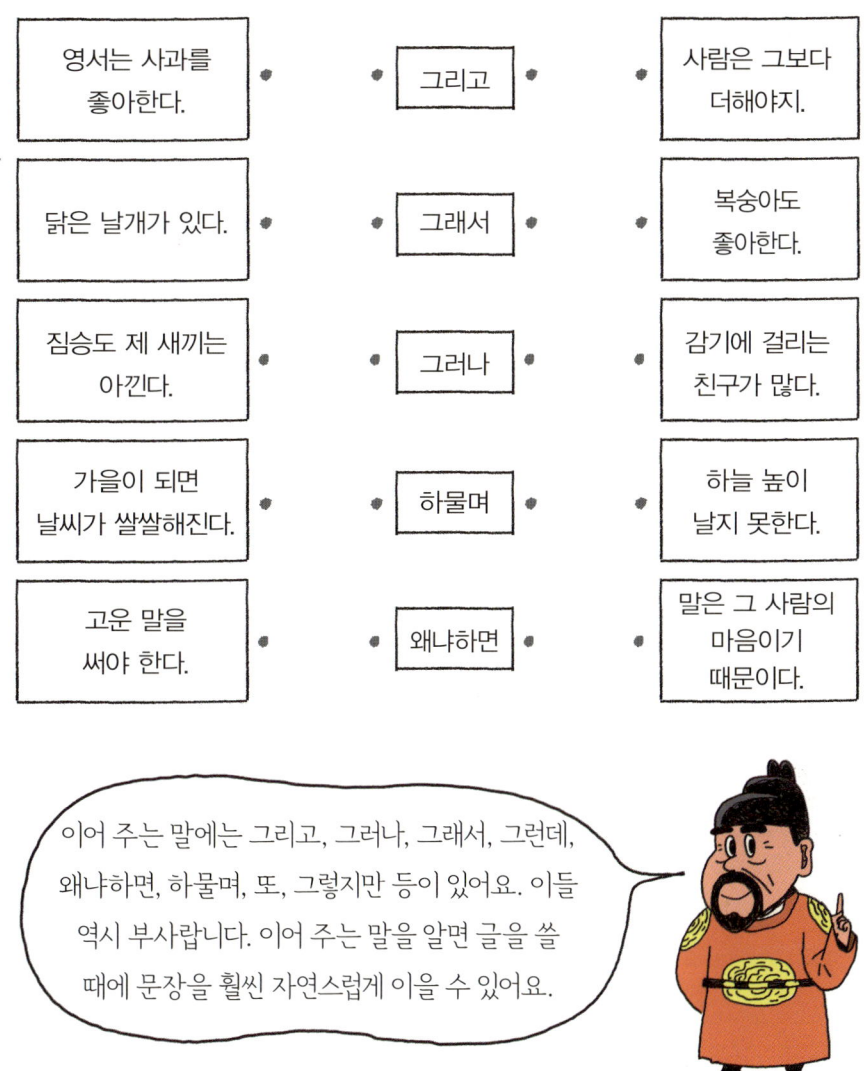

이어 주는 말에는 그리고, 그러나, 그래서, 그런데, 왜냐하면, 하물며, 또, 그렇지만 등이 있어요. 이들 역시 부사랍니다. 이어 주는 말을 알면 글을 쓸 때에 문장을 훨씬 자연스럽게 이을 수 있어요.

부사를 제대로 쓰면 문장이 더 실감 나고 재미있어진다는 뜻을 이해했지? 그럼 글 속에서 부사를 어떻게 썼는지 살펴보자!

1. 표시된 부사의 쓰임과 뜻을 생각하며 이야기를 읽어 보세요.

"네, 아주 좋아요. 고마워요. 최대한 빨리요. 계좌번호를 보내 드릴게요. 고마워요. 안녕히 계세요."

야나가 집에 돌아오니 엄마가 통화하는 중이었다.

"할머니께서 너에게 인사를 전해 달라고 하시는구나. 그리고 이들 아줌마도 안부 전해 달라고 하더라."

이들 아줌마라는 말에 야나는 귀가 번쩍 뜨였다. 아무렇지도 않은 척 럭키의 등을 쓰다듬고 있었지만 속으로는 불안해서 어쩔 줄 몰랐다. 이들 아줌마가 엄마에게 초콜릿 얘기를 했을까?

"그런데 이들 아줌마가 이상한 얘기를 하더구나. 도통 무슨 말인지 알 수가 없더라. 네게 충분히 시간을 가져도 된다고 전해 달라던데. 이들 아줌마는 급하게 이스탄불로 가셨어. 어머니가 편찮으시다고 하네. 그런데 대체 무슨 얘기니? 시간을 충분히 가져도 된다니······."

야나는 대답하지 않았다. 아무 말도 하지 않는 게 늘 가장 안전한 방법이었다. 입을 꼭 다물고 있으면 아무 말도 새어 나오지 않으니까. 하지만 엄마는 순순히 물러나지 않았다.

"아휴, 별거 아니에요."

야나의 말에 엄마는 유심히 야나를 쳐다보았지만 더는 꼬치꼬치 묻지 않았다.

"엄마, 저랑 같이 놀아 주실래요?"

야나가 물었다.

"안 돼! 난 할 일이 있단다. 게다가 너, 해야 할 숙제도 있는 거 아니니?"

엄마는 고개를 숙이며 말을 끝맺기도 전에 벌써 신문을 읽기 시작했다. 야나는 신문 기사에서 '도시의 숲'이라는 제목을 읽었다. 공원에 있는 수목원 이름이었다.

야나는 한숨을 푹 내쉬며 방으로 갔다.

'이들 아줌마가 이스탄불로 가셨다니 참 다행이다. 거긴 아주 먼 곳이니까.'

야나는 이제 가슴속에 있던 초콜릿이 아주 조그맣게 돼 버리는 기분이 들었다. 아마 며칠 후면 완전히 사라질 것이다.

– 《말할까? 말까?》 38~40쪽 중에서 –

2. 표시된 부사와 뜻이 비슷하여 바꾸어 쓸 수 있는 낱말을 보기에서 골라서 써 보세요. (정답 167쪽)

| 보기 | 매우, 무척, 모두, 더군다나, 이미, 자세히, 정말, 도무지, 쉽사리, 언제나, 제일 |

아주 → 정말	가장 → ☐
도통 → ☐	순순히 → ☐
늘 → ☐	벌써 → ☐

123

1. <보기>의 부사 낱말이 어떻게 쓰였는지 아래 글을 읽어 보세요.

보기 정말, 사뿐사뿐, 확실히, 하도, 꼴깍, 물끄러미, 참, 그러면

공부 시간에 선생님께 칭찬을 들었다. 그래서 기분이 정말 좋았다. 그래서 그런지 집으로 돌아오는 발걸음이 사뿐사뿐 가벼웠다. 칭찬을 받으면 확실히 기분이 좋아진다.

집으로 오는 길에 붕어빵 장수 아저씨를 보았다. 붕어빵 냄새가 하도 좋아서 침이 꼴깍 넘어갔다. 먹고 싶지만 돈이 없었다. 어쩔 수 없이 사 먹지는 못하고 물끄러미 쳐다보기만 했다. 노릇노릇하게 구워진 붕어빵이 참 맛있어 보였는데……

내일은 어머니께 용돈을 얻어서 붕어빵을 사 먹고 싶다.

그러면 착한 일을 많이 해야 되겠지?

2. 〈보기〉의 부사 낱말이 다섯 가지 이상 들어가도록 최근에 겪었던 일을 재미있게 써 보세요.

 부사 더 알아보기

- **꼬치꼬치**: 일일이 따지고 끝까지 캐어묻는 모양을 나타내는 말.
  예) 말꼬리를 잡고 꼬치꼬치 따지면 기분이 나빠!

- **갓**: 이제 막, 또는 금방 새로.
  예) 갓 볶아 낸 참깨 냄새가 온 집 안을 덮었다.

- **된통**: 아주 몹시.
  예) 감기가 된통 걸려서 머리가 지끈지끈 아프다.

- **톡톡히**: 구실이나 역할을 충실히.
  예) 우리 반 친구들이 모두 제 할 일을 톡톡히 하면 멋진 반이 될 수 있다.

- **쉽사리**: 별 어려움 없이 수월하게.
  예) 줄넘기 연습을 열심히 해서 시험에 쉽사리 통과할 수 있었다.

- **애면글면**: 어떤 일을 이루기 위해 온갖 힘을 다하는 모양을 나타내는 말.
  예) 온 가족이 쓰레기 줄이기에 애면글면 노력한 덕분에 쓰레기 양이 많이 줄었다.

- **가뿐가뿐**: 들기에 쉬울 정도로 가벼운 모양을 나타내는 말.
  예) 힘이 센 아저씨들이 이삿짐을 가뿐가뿐 들어 옮겼다.

- **스멀스멀**: 살갗에 벌레가 기어가는 것처럼 근질근질한 느낌.
  예) 맛있는 음식 냄새가 스멀스멀 콧속으로 들어왔다.

- **괜스레**: 아무 까닭이나 실속이 없이.
  예) 잘 자는 아기를 왜 괜스레 건드려서 울리니?

- **근근이**: 매우 힘들고 어렵게.
  예) 심청이는 허드렛일로 근근이 살림을 꾸려 나갔다.

- **붉으락푸르락**: 크게 성이 나거나 흥분하여 얼굴이 붉어졌다 푸르러졌다 하는 모양을 나타내는 말.
  예) 놀부는 흥부에게 화가 나서 얼굴이 붉으락푸르락 달아올랐다.

- **야금야금**: 잇따라 조금씩 써서 없애는 모양.
  예) 장난감을 사느라 한 달 용돈을 야금야금 다 써 버렸다.

- **선뜻**: 동작이 빠르고 시원스러운 모양.
  예) 형은 자신의 용돈을 이웃돕기 성금에 선뜻 내놓았다.

- **지레**: 어떤 일이 일어나기 전에 미리.
  예) 경기를 시작하기도 전에 지레 겁을 먹으면 이길 수 없다.

- **으레**: 두말할 것 없이 당연히.
  예) 여자는 으레 얌전해야 한다는 생각은 잘못됐다.

- **물끄러미**: 우두커니 한 곳을 바라보는 모양.
  예) 벤치에 누워서 하늘을 물끄러미 바라보고 있었다.

- **가닥가닥**: 물기가 있는 물체의 겉이 말라서 빳빳하게 된 상태.
  예) 곶감이 가닥가닥 말라서 제법 먹음직스럽다.

- **소소**: 바람이 아주 약하고 부드럽게 부는 모양을 나타내는 말.
  예) 봄바람이 소소 불어오자 꽃잎이 흔들렸다.

- **너나없이**: 너와 나를 가릴 것 없이 모두 마찬가지로.
  예) 도서관에는 많은 아이들이 너나없이 열심히 책을 읽고 있었다.

- **다짜고짜**: 일의 앞뒤 상황이나 내용에 대한 설명도 없이 곧바로.
  예) 그 아이는 나를 보더니 다짜고짜 화부터 내었다.

느낌을 살려 주는 낱말

"'에워싸다'는 무엇을 빙 둘러싼다는 뜻이니까 동사. '겸연쩍다'는 쑥스럽거나 미안하다는 뜻이니까 형용사. 아닌가, 혹시 동사인가?"

정음이는 혼자서 중얼거리며 복도를 서성이고 있었다.

"아! 헷갈려. 서랍에 낱말이 쌓일수록 더 헷갈려. 어떡하지?"

그때 어디선가 소리도 없이 갑자기 교장 선생님이 나타났다.

"정음이 아니냐? 수업도 다 끝났는데 무슨 생각을 그렇게 골똘히 하니?"

"교장 선생님, 안녕하세요?"

"저런! 무슨 일로 이렇게 시무룩하실까?"

"머리가 빙글빙글 돌아갈 것 같아요."

"걱정 마라. 네 머리는 그 자리에 잘 붙어 있으니까."

정음이는 답답한 마음을 교장 선생님에게 토로했다.

"낱말 서랍에 낱말들을 담으면 담을수록 헷갈려요. 어떤 낱말은 형용사 같기도 하고, 동사 같기도 해요. 어떤 건 수사 같기도 하고 관형사 같기도 해요. 정말 뭐가 뭔지 모르겠어요."

"그래서 네 머리가 뱅글뱅글 돌아갈 것 같다고 했구나."

교장 선생님은 잠시 빙그레 웃더니 말을 꺼냈다.

"정음아, 실타래가 꼬이면 어떻게 해야 하지?"

"실 끝을 찾아서 풀던지, 정 안 되면 잘라야죠."

"그래. 그 실 끝을 실마리라고 하잖아."

"아, 맞다. 실마리. 명사 서랍에 넣었던 말인데……."

"그렇지! 그 실마리를 찾아서 차근차근 풀어야 엉킨 실타래를 풀 수 있어. 그러면 네가 지금 고민하는 일의 실마리가 무엇인지 생각해 보렴."

정음이는 잠시 곰곰이 생각했다. 교장 선생님은 옆에서 정음이가 스스로 해답을 찾기를 기다렸다.

"낱말 공부의 실마리는 국어사전에 있나요? 아니면 '비밀 낱말 모으기' 프로그램에 있나요?"

"음, 둘 다일 수 있지. 지금 네가 헷갈려 하는 건 네 머릿속에 낱말이 뒤죽박죽 엉켜 있기 때문이야. 그러니 국어사전이든, '비밀 낱말 모으기' 프로그램이든 차근차근 다시 살펴보면 해결할 수 있을 거야."

"그럴지도 모르죠. 하지만 지금 다시 처음으로 돌아가기에는 너무 힘들 것 같아요."

"정음아, 그런데 네가 한 가지 오해하는 것이 있어."

정음이는 교장 선생님의 말에 의아해하며 고개를 들었다.

"낱말 공부에서 어떤 낱말이 동사냐, 형용사냐 하는 것은 제일 중요한 문제가 아니야. 제일 중요한 것은 그 낱말 뜻을 바르게 알고, 말을 할 때나 글을 쓸 때에 정확하게 사용하는 것이란다."

"낱말이 형용사인지 동사인지 정확하게 구별하지 못하면 서랍에 넣을 수 없잖아요?"

"그러면 어때? 그건 조금 틀려도 괜찮아. 사실 어른들도 헷갈리는 낱말들이 많단다. 그러니 1번부터 5번까지 정답 찍듯이 동사, 형용사, 관형사 같은 것을 외울 필요는 없어. 낱말 공부를 많이 하다 보면 정확하게 구별할 수 있는 능력이 저절로 생길 거야."

"그럴까요? 그렇다면 다행이고요. 감사합니다, 교장 선생님."

정음이는 교장 선생님의 말을 되뇌이며 집으로 향했다. 그러고는 집으로 오자마자 컴퓨터를 켰다.

반갑습니다. 최정음 학생은 이번이 열아홉 번째 접속입니다.
지금까지 모은 낱말은 〈첫째 서랍, 명사〉 164개,
〈둘째 서랍, 대명사〉 31개, 〈셋째 서랍, 수사〉 77개,
〈넷째 서랍, 동사〉 99개, 〈다섯째 서랍, 형용사〉 74개,
〈여섯째 서랍, 관형사〉 54개, 〈일곱째 서랍, 부사〉 59개입니다.
공부해 보고 싶거나 새로운 낱말을 넣고 싶은 서랍을 선택하여 주십시오.

정음이는 순서대로 감탄사 서랍을 클릭했다.

감탄사 서랍

아하! 이야! 아자!
오늘따라 과인이 기분이 좋구나. 왜 그러냐고?
감탄사를 배우려고 하니까
감탄이 저절로 나오는구나.

에헴, 몇 가지 상황을 머릿속으로 떠올려 보아라.

첫째는 궁금해하던 무언가를 갑자기 알게 되었을 때이다. 둘째는 무거운 짐을 지고 높은 계단을 올라가는 할아버지의 모습이고 셋째는 생일 때 받은 선물 상자에서 갑자기 이상한 인형이 튀어나올 때이다. 자, 상상해 보았느냐? 각 상황에서 사람들은 맨 먼저 무슨 말을 할까?

아하! 이제야 알았어. | 아이고, 힘들어라. | 깜짝이야, 간 떨어질 뻔했네.

'아하', '아이고', '깜짝이야' 같은 낱말들처럼 사람들 입에서 무심결에 튀어나오는 말이 있지? 이렇게 말하는 사람의 입에서 저절로 나오는 놀람, 느낌, 부름 등을 나타내는 말이 '감탄사'이니라.

자, 아래 표를 보고 감탄사에는 어떤 낱말이 있는지 살펴보아라.

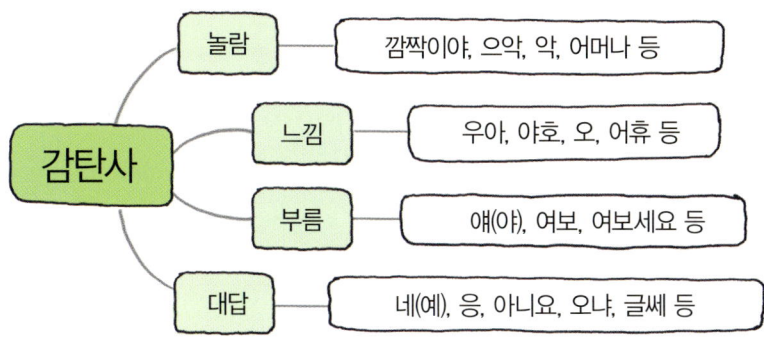

그런데 감탄사는 다른 종류의 낱말과는 다르게 오직 낱말 하나만으로도 문장을 이룰 수가 있단다. 누군가 아름다운 꽃을 보고 "와!"라고 했으면 그 한 글자 속에 "정말 아름다운 꽃이구나!"라는 뜻이 이미 들어가 있는 셈이지.

글을 쓸 때에 감탄사만 잘 써도 말하는 사람의 느낌이나 생각을 실감 나게 표현할 수 있느니라. 글을 읽을 때에도 감탄사의 느낌을 제대로 살려 읽으면 글을 읽는 재미가 더해질 것이다.

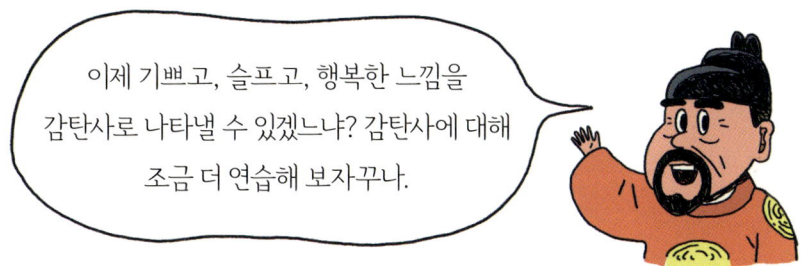

이제 기쁘고, 슬프고, 행복한 느낌을 감탄사로 나타낼 수 있겠느냐? 감탄사에 대해 조금 더 연습해 보자꾸나.

1. 각 대화를 읽고 빈칸에 들어갈 수 있는 감탄사를 모두 찾아보세요. 감탄사가 여럿일 수도 있어요. (정답 167쪽)

> **보기** 야호, 우아, 어머나, 으악, 세상에, 글쎄, 아서라, 아뿔싸, 깜짝이야, 에구머니, 어휴, 아차, 아하

"_____, 정말 멋진 옷이구나!"
"그래? 고마워. 어제 새로 산 건데 괜찮니?"

"_____, 난 이번 시험에서 100점 맞았어!"
"_____, 난 또 60점이야. 넌 좋겠다."

"엄마, 제가 한 말을 알아들었어요?"
"_____, 잘 모르겠는데?"

"_____, 어쩌면 좋지? 내가 책을 안 가져왔어."
"어디에 두었는지 잘 기억해 봐."

"_____, 그게 무엇인지 이제 생각이 났어."
"다행이다. 어서 말해 봐."

"_____, 그러다 다칠라."
"괜찮아요, 아버지. 이것만 더 옮겨 드릴게요."

"_____, 그렇게 갑자기 나타나면 어떡하니?"
"미안해. 많이 놀랐니?"

1. 암호 풀이 표를 보고 숫자와 알파벳을 해석하면 감탄사가 나타나요. 찾아낸 감탄사를 활용하여 문장을 만들어 보세요. (정답 167, 168쪽)

1	2	3	4	5	6	7	8	9	10	11	12	13	14
ㄱ	ㄴ	ㄷ	ㄹ	ㅁ	ㅂ	ㅅ	ㅇ	ㅈ	ㅊ	ㅋ	ㅌ	ㅍ	ㅎ

※ 'ㄲ, ㄸ, ㅃ, ㅆ, ㅉ'은 암호 옆에 ?를 붙여서 나타내요.(예) ㄲ→1?)

A	B	C	D	E	F	G	H	I	J	K	L	M	N
ㅏ	ㅑ	ㅓ	ㅕ	ㅗ	ㅛ	ㅜ	ㅠ	ㅡ	ㅣ	ㅔ	ㅖ	ㅐ	ㅒ

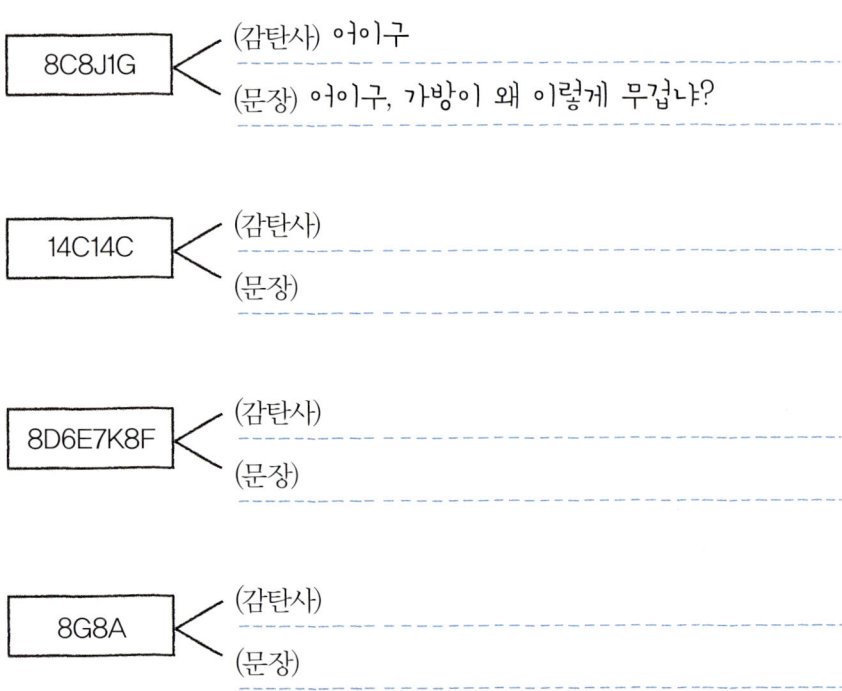

8C8J1G ← (감탄사) 어이구
(문장) 어이구, 가방이 왜 이렇게 무겁냐?

14C14C ← (감탄사)
(문장)

8D6E7K8F ← (감탄사)
(문장)

8G8A ← (감탄사)
(문장)

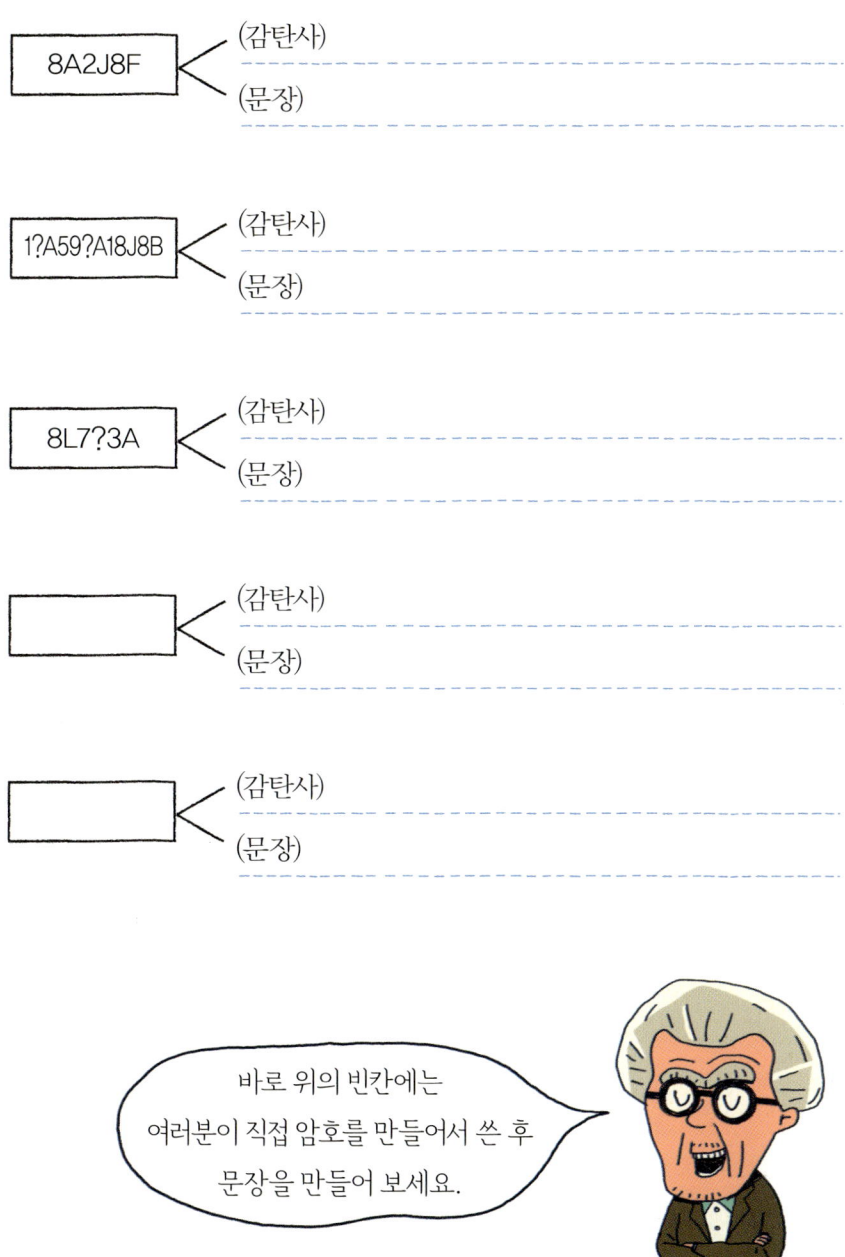

감탄사를 잘 쓰면 말하는 사람의 느낌을 제대로 살려서 글을 쓸 수 있겠지? 이번에는 글 속에서 어떻게 감탄사를 썼는지 살펴보자.

1. 감탄사의 쓰임과 뜻을 생각하며 이야기를 읽어 보세요.

"아이, 추워. 갑자기 웬 비야!"

은별이는 찌푸린 하늘을 올려다보며 혼자 툴툴거렸다. 교문을 빠져나가는 아이들 어깨 위로 비가 축축이 젖어 들고 있었다. 가을비는 쉽게 그칠 것 같지 않았다.

"은별아, 안 가?"

우산을 미리 준비해 온 혜지가 물었다.

"으응, 가야지."

은별이는 대충 얼버무렸다.

"우산 없어? 없으면 나랑 같이 쓰자."

은별이는 급히 손사래를 쳤다.

"아, 아냐. 먼저 가. 난 엄마 기다리거든."

은별이는 우울한 기분을 애써 감췄다.

"그래? 그럼 먼저 갈게. 내일 보자."

혜지는 알았다며 손을 흔들었다.

"응, 안녕."

은별이도 마주 손을 흔들었다.

혜지는 책가방을 한 번 추켜올리고는 교문을 향해 멀어져 갔다. 혜지가 걸음을 옮길 때마다 빗물이 찰랑찰랑

138

튀었다. 다른 친구들도 하나둘 인사를 나누며 흩어졌다. 친구들은 마중 나온 엄마의 우산 속으로, 혹은 아빠의 자동차 속으로 쏙쏙 사라졌다. 우산 없이 비를 맞으며 가는 친구는 몇 명 되지 않았다.

'쳇, 갑자기 비가 올 게 뭐람!'

은별이는 부러운 눈으로 친구들을 바라보았다. 아직 학교에 남아 있는 건 은별이뿐이었다. 혹시나 해서 기다렸지만 우산을 든 엄마나 자동차를 탄 아빠는 끝내 나타나지 않았다.

－《톨스토이 할아버지네 헌책방》 중 9~10쪽에서

2. 아래의 문장이 설명하는 감탄사를 위의 글에서 찾아 쓰세요.

(정답 168쪽)

놀라거나 기가 막힌 일을 당했을 때 내는 말	아이
못마땅하거나 아니꼬운 일을 빈정거리는 말	
상대방의 말에 대하여 가벼운 놀라움을 나타내는 말	
상대방의 말에 긍정적으로 대답하는 말	
상대방의 말에 부정하며 대답하는 말	

3. 여러분이 아는 감탄사를 모두 써 보세요.

1. 그림을 보고 〈보기〉 중에서 상황에 어울리는 감탄사를 찾아 말풍선 안에 써 보세요.(정답 168쪽)

보기 이야, 야호, 우아, 으악, 아이고, 아야, 에구, 음, 아

2. 왼쪽 그림을 보고 일이 일어난 순서를 생각한 후에 감탄사를 사용하여 재미있는 글을 써 보세요.

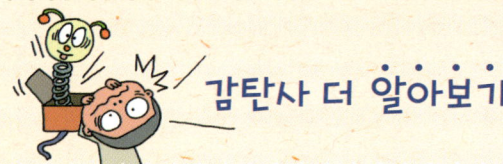
감탄사 더 알아보기

- **에비**: 아이들에게 어떤 것을 하지 못하도록 무서운 것이라는 뜻으로 내는 소리.
  예) 에비, 이건 만지면 안 돼.

- **아자**: '힘내자'라는 뜻으로 '파이팅'의 우리말 표현.
  예) 넌 잘할 수 있어. 아자!

- **원**: 뜻밖의 일을 당하여 놀라거나 기분이 언짢을 때 내는 말.
  예) 이거 원, 별 소리를 다 듣겠네.

- **젠장**: 뜻에 맞지 않고 불만스러울 때 혼자 욕으로 하는 말.
  예) 젠장, 오늘은 왜 이렇게 하는 일마다 되는 게 없네.

- **영차**: 여러 사람이 힘을 합쳐서 기운을 돋우려고 내는 소리.
  예) 영차, 영차. 모두 다 힘을 합쳐 줄다리기를 하였다.

- **여보게**: 가까이 있는 사람을 부를 때 쓰는 말.(윗사람이 아랫사람에게)
  예) 여보게, 어디 가서 나랑 얘기 좀 하세.

- **이키**: 몹시 놀라거나 뜻밖의 상황에서 갑자기 나오는 소리.
  예) 이키, 깜짝 놀랐네. 이게 뭐지?

- **아무렴**: 상대편의 말에 강하게 긍정할 때 하는 말.
  예) 아무렴, 당신 말이 맞아.

- **어허**: 미처 생각하지 못한 것을 알게 되었을 때 내는 소리.
  예) 어허, 내가 그걸 깜빡 잊고 있었구나.

- **천만에**: 전혀 그렇지 않다, 또는 절대 그럴 수 없다는 뜻으로 하는 말.
  예) 천만에, 그 친구는 그렇게 나쁜 사람이 아니야.

- **아서라**: 그렇게 하지 말라고 금지할 때 하는 말.
  예) 아서라, 다칠라.

- **애걔**: 대단하지 않은 것을 보고 하찮게 여겨 내는 소리.
  예) 애걔, 무슨 꽃이 저렇게 못생겼어?

- **옳지**: 좋은 생각이 갑자기 떠올랐을 때 하는 혼잣말.
  예) 옳지, 그렇게 하면 되겠구나.

- **으흠**: 일부러 크게 내는 기침 소리.
  예) 으흠, 거기 누구 있느냐?

- **에헴**: 점잔을 빼거나 인기척을 내려고 일부러 내는 기침 소리.
  예) 에헴, 다들 조용히 하고 내 말을 잘 들어라.

- **흥**: 중요하지 않게 생각하여 아니꼬울 때 코로 내는 말.
  예) 흥, 네가 아무리 잘난 척을 해도 소용없어.

- **뭘**: 상대방의 칭찬에 대하여 자신의 행동이 별것 아니라는 뜻으로 겸손하게 대답하는 말.
  예) 별로 어려운 일도 아닌데 뭘.

- **얼씨구**: 흥에 겨워서 떠들 때 장단을 맞추며 내는 소리.
  예) 얼씨구, 좋구나!

- **그럼**: 상대방의 물음이나 제안에 찬성하는 뜻으로 대답하는 말.
  예) 그럼, 당연히 그렇게 해야지.

- **에라**: 실망하여 아무렇게나 될 대로 되라고 포기하며 하는 말.
  예) 에라, 오늘은 여기까지 하고 그만 돌아가자.

눈에 띄지 않지만 중요한 낱말

제1회 낱말 왕 대회도 이제 막바지에 접어들었다. 소문에 따르면 이미 아홉 개의 서랍을 모두 열어 본 친구들도 꽤 있다고 했다.

"지언이는 벌써 500개도 넘게 낱말을 모았대."

"정말? 나도 200개는 넘었는데."

"500개 넘게 모은 아이가 몇 명 더 있다고 하던데?"

"이번 주까지라고 했지?"

"응. 이제 며칠 안 남았는데 누가 낱말 왕이 될까?"

"글쎄, 나였으면 좋겠는데."

교장 선생님이 어제 학교 방송에서 제1회 낱말 왕 대회를 이번 주 금요일에 마감한다고 했다. 아이들은 막바지에 치달은 낱말 왕 대회의 결과가 궁금하여 모이기만 하면 수군덕거렸다.

훈민이는 집으로 향하는 길에 정음이와 마주쳤다. 처음에는 두 사람이 서로 경쟁하며 눈치를 보았지만, 지금은 많이 살가워졌다.
"훈민아, 그동안 너 열심히 했지?"
"응, 정음아. 자꾸 하다 보니까 낱말 공부가 재미있더라. 너도 열심히 했잖아?"
"그건 그렇지만 낱말 왕이 될 자신은 없어."
"우리 남은 기간 동안 포기하지 말고 해 보자!"
훈민이는 정음이가 진심으로 잘되기를 바라며 따뜻하게 말해 주었다. 그리고 둘은 다시 가던 길을 갔다.
'한 달 동안 열심히 했는데 내가 낱말 왕이 되면 좋겠다. 그렇지만 꼭 낱말 왕이 안 되어도 좋아. 낱말을 많이 알게 된 것만으로도 충분해.'
잠시 후 집에 도착한 훈민이는 마지막 서랍을 열었다.

조사 서랍

할머니는 엿을 좋아하신다, 할머니도 엿을 좋아하신다. 낱말은 비슷하지만 문장의 뜻은 다르지? 마지막 서랍은 눈에 잘 띄지 않지만 중요한 역할을 하는 '조사'에 대해 알아보자꾸나.

아빠

엄마

사랑하다

여기에 '아빠', '엄마', '사랑하다'라는 낱말이 있단다. 이 세 낱말을 이어서 문장을 만들어 보자꾸나.

① 엄마는 아빠를 사랑해.　② 엄마도 아빠를 사랑해.
③ 엄마만 아빠를 사랑해.　④ 엄마가 아빠도 사랑해.

①은 엄마는 아빠를 사랑한다는 뜻이다. ②는 아빠를 사랑하는 사람이 여럿인데 그중에서 엄마도 역시 아빠를 사랑한다는 뜻이다. ③은 오직 엄마만이 아빠를 사랑한다는 뜻이고, ④는 엄마는 다른 사람도 사랑하는데 아빠도 사랑한다는 뜻이다.

여기에서 표시된 낱말이 '조사'인데 조사가 어떻게 들어가느냐에 따라서 문장의 의미가 바뀌게 되지.

조사는 체언(명사, 대명사, 수사) 뒤에 붙어서 문장의 뜻을 정확하게 해 주는 낱말이란다. 어떠냐? 조사를 잘못 쓰면 엄마와 아빠가 서로 사랑하지 않게 될 수도 있으니 주의해야겠지?

조사에는 '이(가), 께서, 의, 을(를), 은(는), 와(과), 에게, 까지, 부터' 등이 있단다. 이러한 조사는 자기 혼자서 따로 떨어져서는 절대 의미를 가질 수 없지만, 문장의 뜻을 결정하는 데에 아주 중요한 역할을 하느니라.

문장은 주로 체언(명사, 대명사, 수사)으로 시작해서 용언(동사, 형용사)으로 끝나게 된단다. 이때 각 낱말을 부드럽게 이어 주는 관절 같은 역할을 하는 것이 바로 조사이니라. 문장을 쓸 때에 낱말을 이어 주는 관절인 조사를 바르게 써야 그 문장이 자연스럽게 만들어진단다.

나는   소고기를   구워먹는다.
↓   ↓   ↓
(체언+조사) (체언+조사)   (동사)

나를 소고기가 구워먹는다. (X)

알맞은 조사로 낱말을 이어 주지 못하면 소고기가 나를 구워먹을 수도 있으니 조심하거라!

어떤 경우에 어떤 조사를 쓰는지 더 자세히 살펴보자.

1. 알맞은 조사를 골라 빈칸에 쓰세요. (정답 168쪽)

강아지 ____ 나를 보고 반갑게 꼬리 쳤다. (이, 가, 께서)

너는 나 ____ 소중한 친구야.
(의, 은, 과)

책 ____ 너무 가까이에서 보면 안 돼.
(께, 만, 을)

비가 그칠 때 ____ 쉬었다 가자.
(까지, 나, 나마)

물고기 _____ 먹이를 주었다.
(와, 은, 에게)

제주도 _____ 울릉도는 사람들이 많이 찾는 섬이다. (와, 과, 은)

밥만 먹지 말고 반찬 _____ 먹어라.
(에게, 도, 만)

바다 _____ 시원한 바람이 불어온다.
(에서, 조차, 이다)

곰 _____, 넌 마늘만 먹고 견딜 수 있겠니? (아, 로, 에)

장미 _____ 꽃이냐? 호박꽃도 꽃이다.
(의, 은, 만)

1. 여러 가지 조사가 어떻게 쓰였는지 살펴보세요.

낱말	문장
이(가)	학생들이 공부를 한다. / 호랑이가 먹이를 먹는다.
께서	할아버지께서 과자를 사 주셨다.
에서	공원에서 사람들이 산책을 한다.
이다	방 안이 엉망이다.
의	이것은 언니의 책이다.
을(를)	나는 빵을 먹는다. / 내 동생은 자전거를 잘 탄다.
에	나는 지금 할머니 댁에 간다.
에게	이 기쁜 소식을 친구들에게 알려 주어야지.
아(야)	지연아, 안녕? / 건호야, 반가워.
와(과)	개와 고양이는 귀엽다. / 곰과 호랑이는 무섭다.
은(는)	얼음은 차가워. / 기차는 빨라.
도	너도 저 소리가 들리니?
까지	언제까지 잠만 자고 있을 거니?

낱말	문장
조차	그 사람의 이름은커녕 생김새**조차** 기억나지 않는다. (이미 어떤 것이 포함되고 그 위에 더함을 뜻하는 조사)
부터	나는 처음**부터** 네가 잘할 거라 믿었어.
마저	너**마저** 나를 떠나면 내가 슬플 거야. (하나 남은 마지막임을 뜻하는 조사)
만	이제 하나**만** 더 하면 숙제를 끝낼 수 있어.
한테	친구**한테** 친절하게 말해야지.
(으)로서	학생**으로서** 지켜야 할 예절을 지켜야지. (자격이나 신분을 나타내는 조사)
로써	말**로써** 천 냥 빚을 갚는다고 했다. (수단이나 도구, 재료를 나타내는 조사)

2. 위의 조사 중 몇 가지 골라서 오늘 있었던 일을 짧은 문장으로 써 보세요.

조사 없이는 문장을 만들 수가 없어. 당연히 조사가 들어가지 않은 글도 있을 수가 없지. 작품 속에서 조사가 어떻게 쓰였는지 살펴보자.

1. 다양한 조사의 쓰임을 생각하며 다음 글을 읽어 보세요.

　만약에 내가 사흘 동안 볼 수 있다면 꼭 보고 싶은 것들이 있습니다. 첫째 날에는, 친절과 우정으로 나의 삶을 가치 있게 만들어 준 사람들의 얼굴을 볼 것입니다. 무엇보다 은사이신 설리번 선생님을 찾아가, 이제껏 손끝으로 만져서야 알던 그녀의 얼굴을 몇 시간이고 물끄러미 바라보면서 그 모습을 내 마음속에 깊이 간직해 둘 것입니다. 오후가 되면 오랫동안 숲속을 산책하면서 자연의 아름다움에 흠뻑 빠져 보고 싶습니다. 그 후에 불타는 노을도 바라볼 것입니다. 그리고 감사의 기도를 하고 싶습니다.

　둘째 날은 인간 발전의 발자취를 보려고 박물관으로 갈 것입니다. 거기서 촉각으로 알던 예술 작품을 직접 눈으로 보고 알게 되겠지요. 그날 저녁에는 영화나 연극을 보며 시간을 보내고자 합니다. 내 손의 감각으로는 도저히 알아차리지 못한 아름다움을 보고 싶습니다. 다음 날 새벽에는 일찍 일어나서 밤이 낮으로 바뀌는 가슴 떨리는 기적을 보고 싶습니다.

　그리고 사흘이 되는 마지막 날에는 많은 사람들이 오가는 평범한 길거리에서 시간을 보내고 싶습니다. 도시의 여기저기에서 행복과 불행을 동시에 눈여겨보며 그들이 어떻게 이해하며, 어떻게 살아가는지 보고 싶습니다.

－ 헬렌켈러 《사흘만 볼 수 있다면》 중에서

2. 이 글을 다시 읽고, 조사를 모두 찾아 써 보세요. (정답 168쪽)

---

3. 위의 쓴 조사 중에서 몇 가지를 골라 짧은 문장을 만들어 보세요.

조사	문장

1. 〈보기〉의 조사를 사용하여 편지를 어떻게 썼는지 살펴보세요.

   보기 이(가), 에게, 을(를), 까지, 와(과), 부터, 은(는), 에서

   선생님께

   선생님, 안녕하세요? 저 승현이에요. 학교에서 늘 만나지만 편지를 써서 마음을 전해 드리고 싶었어요. 선생님께서 저에게 항상 자상하게 대해 주셔서 감사해요. 저는 선생님이 참 좋아요.

   처음에 선생님을 뵈었을 때에는 조금 무서웠는데, 지금은 저에게 가장 고마우신 선생님이에요. 선생님 덕분에 친구들과 공부도 즐겁게 하고 있어요. 이제부터 저도 선생님께 좋은 제자가 되도록 노력할게요. 이번 학년이 끝날 때까지 선생님께 좋은 모습을 보여 드리는 착한 승현이가 될게요.

   20○○년 ○○월 ○○일
   선생님을 사랑하는 박승현 올림

2. 〈보기〉의 조사를 모두 사용하여 편지를 써 보세요.

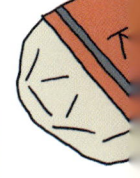

낱말 왕들의 나들이

드디어 대회가 끝났다. 한 달여 동안 진행된 낱말 왕 대회를 통해 꽃누리초등학교 아이들은 낱말 공부의 세계에 푹 빠져들었다. 아이들은 너나없이 생전 처음 본 낱말을 많이 알게 되었다. 그리고 일기나 글을 쓰는 시간에 자신이 모아 둔 낱말을 비밀스럽게 꺼내 쓰는 친구들도 많아졌다.

그리고 모두가 궁금해하던 결과가 발표되었다. 모두 열 명의 친구들이 제1회 낱말 왕으로 뽑혔다. 결과를 보기 위해 아이들이 동시에 '비밀 낱말 모으기' 프로그램에 접속했다.

www.flowernurigip.es.kr

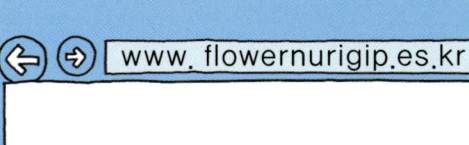

낱말 왕의 탄생을 축하합니다

최준현, 김건호, 김예선, 김지언, 박승현,
백서정, 이예나, 이훈민, 김경준, 조정우

세종 대왕을 만나러 가자!

　제1회 낱말 왕으로 뽑힌 친구들 모두 축하해요. 총 열 명의 친구들을 낱말 왕으로 뽑긴 했지만, 그동안 즐겁게 낱말 공부를 한 여러분 모두 낱말 왕이 될 자격이 있어요.

　그래서 교장 선생님이 준비한 선물이에요. 한글을 만드신 세종 대왕을 만나러 갈 거예요. 낱말 왕으로 뽑힌 친구들 외에 가고 싶은 사람은 누구나 교장실로 와서 신청하세요. 다함께 세종 대왕릉으로 가서 우리말과 우리글의 소중함을 일깨워 보세요.

"훈민아, 축하해."

정음이는 자신이 낱말 왕이 되지 못한 게 아쉬웠지만 진심으로 훈민이를 축하해 주었다.

"정음아, 너도 세종 대왕 만나러 같이 가자."

"글쎄, 나도 가고 싶지만 낱말 왕도 아닌데 괜히 갔다가 다른 아이들이 싫어하면 어쩌니?"

"무슨 소리야? 교장 선생님께서 원하면 누구나 함께 갈 수 있다고 했잖아. 지금 당장 나랑 신청하러 가자."

훈민이는 정음이를 잡아끌고 교장실로 갔다.

"교장 선생님, 안녕하세요?"

"오, 정음이와 훈민이 아니냐?"

"교장 선생님, 낱말 왕으로 뽑히지 못해도 세종 대왕을 만나러 갈 수 있는 거죠?"

"물론이지. 사실 이번 대회에서 모든 아이들이 열심히 잘 해 주어서 누가 낱말 왕인지 아닌지 구별하기가 참 어려웠다. 그러니 누구나 가고 싶으면 갈 수 있어."

"거봐! 내가 뭐랬니?"

훈민이는 정음이를 바라보며 기분 좋은 미소를 지었다.

"정음이도 같이 가자꾸나."

"정말 제가 가도 될까요?"

"낱말 공부를 좋아하고, 낱말을 바르게 쓴 친구는 누구나 된다고 했잖니? 당연히 정음이도 가야지."

"감사합니다. 교장 선생님."

정음이와 훈민이는 기뻐서 어깨를 들썩이며 교장실을 나갔다.

"허허, 녀석들. 한 달 전에는 나쁜 언어 습관으로 나를 당황스럽게 만들더니, 이제는 정말 당당하게 나가는구나! 하하."

교장 선생님도 기분 좋은 듯 웃으며 중얼거렸다.

드디어 약속한 날이 밝았다. 교장 선생님과 아이들은 관광버스를 타고 세종 대왕릉으로 향했다.

그곳에 도착한 후, 아이들은 문화 해설사 선생님의 안내를 받아 이곳저곳을 둘러보았다. 세종 대왕 시대에 발명한 과학 기구, 세종 대왕 동상 등 설명을 하나도 놓치지 않고 귀 기울여 들었다.

그리고 붉은색 기둥이 높이 솟은 홍살문을 지나 세종 대왕릉으로 올라갔다. 세종 대왕이 잠들어 있는 왕릉으로 간다는 생각에 아이들은 발걸음마저 얌전해졌다.

세종 대왕릉 앞에서 아이들은 약속이나 한 듯이 침묵을 지키며 고개를 숙였다.

"여러분, 여기가 바로 우리 할아버지가 계신 곳이에요. 교장 선생님의 할아버지가 누군지 알죠?"

교장 선생님이 앞으로 나와서 아이들에게 말했다.

"세종 대왕께서는 백성들이 글을 배우지 못하는 것을 매우 안타까워 하셨답니다. 그래서 온 백성이 누구나 글자를 익혀서 쉽게 쓸 수 있도록 한글을 만드신 거예요. 세종 대왕께서 한글을 만들지 않았다면 지금도 우리는 어려운 한자를 공부하기 위해 끙끙 앓았을 거예요."

아이들은 진지하게 교장 선생님의 말을 들었다.

"여러분이 영어를 공부하는 것도 중요하고, 수학을 배우는 것도 중요해요. 하지만 무엇보다 중요한 건 우리말과 글을 간직하는 거예요.

우리말과 글을 제대로 사용하지 않으면 영영 사라져 버릴지도 몰라요. 말과 글이 사라진다는 건 우리 얼이 사라지는 것과 마찬가지예요. 생각해 보세요. 우리의 생각이 온통 괴상한 외계어와 속된 말로 가득 차 있다면 어떻게 되겠어요? 우리말을 온전히 살려 쓰는 것은 우리 마음과 생각을 건전하게 가꾸는 것이지요. 여러분은 그동안 낱말 공부를 하면서 우리말의 소중함을 충분히 느꼈을 거라고 믿어요. 이제 여러분이 알게 된 우리 낱말을 널리 사용해 주세요."

"교장 선생님, 궁금한 게 있어요."

"훈민아, 말해 보렴."

"우리말과 글을 어떻게 사용하면 되는지에 대해 법으로 정해진 것이 맞춤법이죠?"

"맞아. 글자를 바르게 사용하는 규칙을 맞춤법이라고 한다."

아이들은 훈민이가 무슨 말을 할지 궁금해서 모두 지켜보았다.

"길을 건널 때 신호등을 지키지 않거나, 운전을 하다가 과속을 하면 처벌을 받잖아요?"

"그렇지."

"그렇다면 한글 맞춤법을 바르게 지키지 않을 때에도 단속을 해서 처벌을 하면 모든 국민이 한글을 바르게 사용하지 않을까요?"

"그건 안 돼!"

갑자기 정음이가 소리쳤다.

"그러면 사람들이 벌금을 내기 싫어서 아무도 말도 안 하고 글도 쓰지 않을 거야."

"하하하!"

아이들은 훈민이의 엉뚱한 제안에 웃음을 터뜨렸다.

"그건 좀 너무한 것 같구나. 세종 대왕께서는 모든 백성들이 글자를 쉽게 쓰는 걸 바라셨지, 백성들이 벌벌 떨며 무서워하는 글자를 만드시지는 않으셨어. 그 대신 앞으로 우리글을 바르게 쓰지 못하는 사람이 있으면 여러분이 한글 선생님이 되어 가르쳐 주면 좋겠구나. 여러분 같은 한글 선생님이 늘어나면 모든 사람이 우리글을 바르게 쓰는 날이 오지 않겠니?"

"좋아요. 저희가 모두 한글 선생님이 될게요."

아이들은 합창하듯이 다 함께 소리쳤다.

명사 서랍

★1단계 2번

고양이, 병아리, 닭, 곰방대, 나뭇가지, 대청마루, 놀람, 버선, 아저씨, 콧수염, 아줌마, 상투, 탕건, 마당, 도둑, 기둥, 치마, 저고리, 자리틀, 혼비백산, 창, 위기, 호통, 비 등

★2단계 2번

슬픈 혹은 우는 얼굴, 놀란 얼굴

★3단계 3번

수양: 뜻) 몸과 마음을 갈고닦아 품성이나 지식, 도덕 따위를 높은 경지로 끌어올림.
예) 그는 수양을 쌓은 사람이라서 늘 차분했다.

시늉: 뜻) 어떤 모양이나 움직임을 흉내 내어 꾸며내는 것.
예) 아이는 우는 시늉을 하며 컥컥거렸다.

★4단계 5번

¹오	누	²이		³가	치	⁴관
뚝		목	⁶축	업		광
⁷이	⁸웃		소		⁹궁	지
	¹¹음	지		¹²세	금	
¹³눈	꽃		¹⁴호		¹⁵거	
썰		¹⁷아	우	¹⁸성		리
¹⁹미	닫	이		²⁰실	망	감

대명사 서랍

★1단계 1번

그것, 그것, 누구, 나, 나, 당신, 이곳, 당신, 이, 언제, 우리, 과인, 내, 저, 나, 누구(순서대로)

★2단계

① 나 ② 너, 그대, 자네 등 ③ 그 ④ 이것
⑤ 저기, 저곳, 그곳 등

★3단계 1번

내 ➡ 이몽룡, 우리 ➡ 이몽룡, 성춘향, 뉘 ➡ 기척을 낸 사람, 나 ➡ 알지 못하는 누구, 나 ➡ 이몽룡, 나 ➡ 이몽룡, 자네 ➡ 대화를 주고받는 상대, 이게 ➡ 현재 처한 상황, 어디 ➡ 알지 못하는 장소(순서대로)

★4단계 1번

① 과인 ② 자네, 소인 ③ 그녀, 그이 ④ 당신(댁), 댁(당신) ⑤ 너희, 우리

수사 서랍

★1단계 1번

토박이말 : 스물, 서른, 마흔, 쉰, 예순, 여든, 아흔(순서대로)

★1단계 2번

① 1 ② 2 ③ 1 ④ 1 ⑤ 2

★1단계 3번
① 열다섯, 열여섯, 열일곱, 열여덟, 열아홉, 스물, 스물하나, 스물둘, 스물셋, 스물넷, 스물다섯, 스물여섯, 스물일곱, 스물여덟, 스물아홉, 서른…….
② 십팔, 십구, 이십, 이십일, 이십이, 이십삼, 이십사, 이십오, 이십육, 이십칠, 이십팔, 이십구, 삼십 등…….
③ 열두째, 열셋째, 열넷째, 열다섯째, 열여섯째, 열일곱째, 열여덟째, 열아홉째, 스무째, 스물한째, 스물두째, 스물셋째, 스물넷째, 스물다섯째, 스물여섯째, 스물일곱째, 스물여덟째, 스물아홉째, 서른째…….

동사 서랍

★1단계 1번
바라다, 소곤대다, 솟구치다, 끼적이다, 도란거리다, 빚다, 결심하다, 달음질하다

★1단계 2번
1 소곤대다 2 빚다 3 결심하다 4 도란거리다 5 달음질했다

★2단계 1번
주저하다, 달음질하다, 자박자박하다, 거닐다 (순서대로)

★2단계 2번
어정버정하다, 보행하다, 뛰다, 소요하다, 머뭇거리다, 쭈뼛거리다, 달리다, 가다, 뒤쫓다 등

★2단계 3번
머금다, 쩝쩝거리다, 맛보다, 들이켜다 (순서대로)

★2단계 4번
시음하다, 시식하다, 음미하다, 흡입하다, 마시다, 핥다, 홀짝대다, 들이마시다 등

★2단계 5번
소곤대다, 재잘대다, 진술하다, 울부짖다, 둘러대다 (순서대로)

★2단계 6번
소리치다, 외치다, 도란거리다, 일컫다, 고함치다, 털어놓다, 속닥거리다, 지껄이다, 귓속말하다 등

★2단계 7번
〈반대 낱말〉
증오하다, 싫어하다, 의심하다, 실망하다

〈비슷한 낱말〉
질겁하다, 당황하다 / 바라다, 기원하다 / 다짐하다, 기약하다 / 뉘우치다, 반성하다

★2단계 8번
동정하다, 반하다, 반가워하다, 신뢰하다, 느끼다, 깨닫다, 놀라다, 귀여워하다, 연모하다, 총애하다 등

★3단계 2번
반복했다 ➡ 되풀이했다, 이루어질까 ➡ 실현될까, 결심했다 ➡ 마음먹었다, 빌지 ➡ 기원하지, 바라봤다 ➡ 쳐다봤다, 그러쥐고 ➡ 움켜지고, 생각했다 ➡ 떠올렸다, 쓰고 ➡ 적고, 내던졌다, 팽개쳤다.

형용사 서랍

★1단계 1번
거칠다, 발그레하다, 달콤하다, 두껍다, 조용하다, 흐뭇하다, 날쌔다, 쌀쌀하다.

★1단계 2번
① 거칠다 ② 쌀쌀하다 ③ 달콤한 ④ 날쌔게 ⑤ 흐뭇하게

★2단계 1번
의아하다, 시뜻하다, 멋쩍다, 솔깃하다(순서대로)

★2단계 2번
난처하다, 미심쩍다, 찜찜하다, 민망하다, 겸연쩍다, 측은하다, 간절하다 등

★2단계 3번
빛바래다, 근사하다, 다채롭다, 부옇다(순서대로)

★2단계 4번
비뚤다, 얇다, 싱싱하다, 단단하다, 누르스름하다, 시퍼렇다 등

★2단계 5번
따뜻하다, 서늘하다, 스산하다, 차갑다, 미지근하다(순서대로)

★2단계 6번
쌀쌀하다, 시원하다, 싸늘하다, 뜨겁다, 뜨듯하다, 맑다, 찌뿌드드하다, 시리다 등

★2단계 7번
〈반대 낱말〉
서툴다 ➡ 능숙하다, 점잖다 ➡ 천박하다, 관대하다 ➡ 옹졸하다, 왜소하다 ➡ 거대하다, 느긋하다 ➡ 조급하다, 영리하다 ➡ 어리석다

〈비슷한 낱말〉
빠르다 ➡ 날쌔다, 잽싸다, 느리다 ➡ 더디다, 둔하다

★2단계 8번
경망스럽다, 우스꽝스럽다, 매정하다, 어색하다, 슬기롭다, 재빠르다, 느릿하다 등

★3단계 2번
더럽잖아 ➡ 지저분하잖아, 거센 ➡ 드센, 재미있는 ➡ 유쾌한, 후련하게 ➡ 개운하게, 또랑또랑한 ➡ 똑똑한, 시원하다 ➡ 후련한, 넓은 ➡ 너른

관형사 서랍

★1단계 1번
뭇, 주, 옛, 맨(순서대로)

★1단계 3번
아무, 웬, 어떤, 본(순서대로)

★1단계 5번
전, 갖은 서너, 몇(순서대로)

★2단계 1번
한번 한 번, 큰 집 큰집, 집안 집 안(순서대로)

★1단계 5번
1) 알록달록 두둥실 2) 빙글빙글 3) 쫑긋 4) 찰칵 5) 지지배배 6) 아장아장 7) 까르르 8) 훌쩍훌쩍 9) 쫄래쫄래 10) 꺅

★1단계 6번
과연, 아마, 설마, 모름지기(순서대로)

★1단계 8번
그리고 복숭아도 좋아한다.
그러나 하늘 높이 날지 못한다.
하물며 사람은 그보다 더 해야지.
그래서 감기에 걸리는 친구가 많다.
왜냐하면 말은 그 사람의 마음이기 때문이다.(순서대로)

★2단계 2번
도통 ➡ 도무지, 늘 ➡ 언제나, 가장 ➡ 제일, 순순히 ➡ 쉽사리, 벌써 ➡ 이미

부사 서랍

★1단계 1번
1) 정말 2) 부리나케 3) 열심히 4) 워낙

★1단계 3번
1) 이따가 2) 이리 3) 때때로 4) 금세

감탄사 서랍

★1단계 1번
1 우아, 어머나, 세상에 2 위: 야호, 우아, 아래: 어머나, 으악, 어휴 3 글쎄 4 아뿔싸, 에구머니, 아차 5 아하 6 아서라 7 어머나, 깜짝이야, 에구머니

★2단계 1번
14C14C ➡ 허허, 예) 허허, 네가 벌써 이렇게 컸느냐?
8D6E7K8F ➡ 여보세요, 예) 여보세요? 지금 제 말을 제대로 듣고 있는 거예요?
8G8A ➡ 우아, 예) 우아, 하늘이 정말 푸르다.
8A2J8F ➡ 아니요, 예) 아니요. 그것은 아빠 물건이 아니에요.
1?A59?A18J8B ➡ 깜짝이야, 예) 깜짝이야, 갑자기 나타나서 놀랐어요.
8L7?3A ➡ 옛다, 예) 옛다, 이거나 가져가라.

★3단계 2번
쳇, 그래?, 으응(응), 아냐(순서대로)

★4단계 1번

조사 서랍

★1단계 1번
①가 ②의 ③을 ④까지 ⑤에게 ⑥와 ⑦도 ⑧에서 ⑨아 ⑩만

★3단계 2번
에, 가, 이, 에는, 과, 으로, 의, 을, 보다, 으로, 의, 이고, 도, 은, 를, 은, 나, 는, 에서 등

작가의 말

낱말은 생각의 구슬과 같은 것

'구슬이 서 말이라도 꿰어야 보배.'라는 속담이 있어요. 영롱하게 빛나는 구슬이라도 튼튼한 실로 꿰어야 비로소 목걸이도 되고, 팔찌도 되죠. 흔히 이 속담에 대해 말할 때에 '꿰어야'라는 부분에 더 초점을 두지요. 어떤 것이든 흩어져 있으면 별 볼 일 없지만 그것을 짜임새 있게 묶어야 진정한 가치를 완성한다는 의미에서 그랬어요.

그런데 애초에 구슬이 없다면 어떻게 될까요? 튼튼하고 예쁜 실도 있고, 멋진 목걸이 모양도 머릿속에 그려 두었어요. 그런데 꿸 구슬이 없다면? 그러면 이 속담에서 '구슬'이 중요할까요, '꿰어야'가 중요할까요? 이 책에서는 '구슬'을 많이 모으는 것이 중요하다는 말을 하고 있어요. 형형색색의 구슬이 없으면 목걸이도, 팔찌도 만들지 못하니까요.

사람은 누구나 끊임없이 듣고, 말하고, 읽고, 쓰기를 합니다. 하루라도 듣고, 말하고, 읽고, 쓰기를 안 하는 경우는 매우 드물어요. 앞에서 말한 '구슬'은 바로 듣고, 말하고, 읽고, 쓰기를 할 때에 꼭 필요한 재료인 '낱말'을 뜻해요. 우리가 낱말을 모르면 남의 말을 듣거나, 글을 읽을 때에 그 뜻을 이해하지 못해요. 그리고 자신이 어떤 말을 하고 싶거나

글을 쓰고 싶을 때에도 마땅한 낱말이 생각나지 않으면 정확한 생각을 전달하기가 어려워요. 그러니까 낱말을 많이 아는 것은 생각할 수 있는 구슬을 많이 가지고 있는 것과 같아요. 남들이 모르는 낱말을 많이 안다는 것은 남보다 생각을 더 많이 할 수 있다는 뜻이기도 해요. 그만큼 낱말을 많이 아는 것이 중요한 일이에요

이 책에는 아홉 가지 품사를 중심으로 낱말 서랍을 채워 나가는 친구들이 나옵니다. 명사, 대명사, 수사, 동사, 형용사, 관형사, 부사, 감탄사, 조사, 이 아홉 가지 종류의 낱말은 언어라는 하늘에 반짝이는 별과도 같습니다. 하늘의 별을 하나둘 따는 마음으로 낱말 서랍을 채워 보세요. 그러면 깜깜하기만 하던 글쓰기의 하늘에 수많은 별들이 얽혀 아름다운 은하수가 만들어질 거예요.

어때요? 낱말을 모으고, 생각을 차곡차곡 채워 보고 싶은 생각이 들지 않나요? 여러분도 훈민이, 정음이와 함께 '비밀 낱말 모으기' 놀이의 재미에 흠뻑 빠져 보세요.

2015년 10월에, 김대조

훈민이와 정음이의
낱말 모아 국어왕

1판 1쇄 발행 | 2015. 10. 27.
1판 2쇄 발행 | 2021. 1. 1.

김대조 글 | 조승연 그림

발행처 김영사 | **발행인** 고세규
편집 김지아 | **디자인** 김민혜 | **마케팅** 이철주 | **홍보** 박은경 길보경
제작부 김일환
등록번호 제 406-2003-036호 | **등록일자** 1979. 5. 17.
주소 경기도 파주시 문발로 197(우10881)
전화 마케팅부 031-955-3102 | **편집부** 031-955-3113~20 | **팩스** 031-955-3111

ⓒ 2015 김대조, 조승연
저자와 출판사의 허락없이 내용의 일부를 인용하거나 발췌하는 것을 금합니다.

값은 표지에 있습니다.
ISBN 978-89-349-9343-8 73710

좋은 독자가 좋은 책을 만듭니다. 김영사는 독자 여러분의 의견에 항상 귀 기울이고 있습니다.
독자의견전화 031-955-3139 | 전자우편 book@gimmyoung.com
홈페이지 www.gimmyoungjr.com | 어린이들의 책놀이터 cafe.naver.com/gimmyoungjr

이 도서의 국립중앙도서관 출판시도서목록(CIP)은 서지정보유통지원시스템 홈페이지(http://seoji.nl.go.kr)와 국가자료공동목록시스템(http://www.nl.go.kr/kolisnet)에서 이용하실 수 있습니다. (CIP제어번호 : CIP2015023271)

어린이제품 안전특별법에 의한 표시사항
제품명 도서 제조년월일 2021년 1월 1일 제조사명 김영사 주소 10881 경기도 파주시 문발로 197
전화번호 031-955-3100 제조국명 대한민국 ⚠주의 책 모서리에 찍히거나 책장에 베이지 않게 조심하세요.